Christoph Türcke

Gewalt und Tabu

Über dieses Buch

Die in diesem Buch zusammengestellten Essays überschreiten nicht nur die Fachgrenzen zwischen Philosophie, Gesellschaftstheorie und Theologie, sondern auch bestimmte Tabugrenzen, mit denen brisante Themen öffentlicher Diskussion umgeben sind. Die durchgängige Intention ist, dort weiterzudenken, wo die Fachwissenschaft aufhört und der gesunde Menschenverstand sich sträubt. So wird an gesellschaftlichen, seelischen und metaphysischen Tabus gerüttelt, welche den Fortbestand des Schlechten garantierten.

Christoph Türcke, Jahrgang 1948, ist Professor em. für Philosophie an der Hochschule für Grafik und Buchkunst in Leipzig und Autor zahlreicher Bücher. Zuletzt erschien von ihm bei zu Klampen »Jesu Traum. Psychoanalyse des Neuen Testaments«. Er wurde mit dem Sigmund-Freud-Kulturpreis ausgezeichnet.

Christoph Türcke

Gewalt und Tabu

Philosophische Grenzgänge

zuKlampen!

Dritte Auflage 2014

info@zuklampen.de

Umschlagentwurf: Groothuis & Consorten, Hamburg
Druck: BoD – Books on Demand
In de Tarpen 42, 22848 Norderstedt

ISBN 978-3-86674-414-1

Bibliographische Information Der Deutschen Bibliothek
Die Deutsche Bibliothek verzeichnet diese Publikation
in der Deutschen Nationalbibliografie; detaillierte bibliografische
Daten sind im Internet über <http://dnb.ddb.de> abrufbar.

Inhalt

Vorwort

Schon um nicht als Fachidiot dazustehen, ist heute jeder Wissenschaftler, der auf sich hält, für interdisziplinäre Arbeit. Kein Zweifel, daß sie ergiebig sein kann, nur hat sie einen Haken: Gewöhnlich legt sie das, was sie überwinden will, zugrunde. *Inter*disziplinär heißt sie, weil sie die wissenschaftlichen Disziplinen, zwischen denen sie einen Brükkenschlag versucht, zugleich als selbständig anerkennt. Und das kann schon ihr blinder Fleck sein - wenn die Grenzen zwischen besagten Disziplinen willkürlich gezogen sind. Dann nämlich bedeutet interdisziplinäre Arbeit nicht inneres, sachlich notwendiges Ineinandergreifen, sondern bloß äußerliches Hin und Her von Argumenten. Das Irrationale der Fachgrenzen wird überspielt, nicht überwunden, und was stattfindet, ist nicht ein Hinauswachsen über deren Beschränktheit, sondern Verständigung mit Scheuklappen

Dagegen sind die folgenden Texte gerichtet. Sie wollen das Untriftige zeigen, das den bestehenden Grenzen zwischen Philosophie, Theologie, Gesellschaftstheorie und Psychoanalyse anhaftet - nicht etwa durch Methodendiskussion, sondern durch die innere gedankliche Konsequenz, zu der die angemessene Behandlung bestimmter Sachthemen nötigt. Die Themen, auf die es ankommt, liegen nicht nur den Zeitgenossen quer in der Seele, sondern ohnehin meist auch quer zu den akademischen Disziplinen. Einige solcher Themen werden hier traktiert - in der Absicht, dort weiterzudenken, wo die Fachwissenschaft aufhört und der gesunde Menschenverstand sich sträubt.

Damit ist nicht nur an Fachgrenzen gerührt, sondern auch an Tabugrenzen, mit denen heikle Gegenstände öffentlicher Diskussion sich um so fester umgeben, je mehr sie breitgewalzt werden.

- Wie sehr Gewalt nach wie vor Reizthema ist, zeigen die Wellen, die ihre jüngste Befürwortung durch Günther Anders geschlagen hat. Doch was auch an Argumenten für oder gegen Gewalt aufgeboten wird - ein bestimmter Sachverhalt bleibt systematisch ausgeklammert.

- Der deutsche Historikerstreit scheint gar nicht wieder aufzuhören. Dabei sind die Argumente doch längst schon auf dem Tisch. Nur ein gewisser Aspekt kommt beharrlich nicht vor. Ausgeschlossen, daß er einfach nur vergessen wurde.

- Daß Umweltschutz nicht nur an der Halbherzigkeit krankt, mit der er betrieben wird, sondern auch dort, wo er ernst gemeint ist, von dem, worauf es ankäme, ablenkt, ist Gegenstand allgemeinen Stillschweigens.

- Ehrfurcht vor dem Leben ist der ethische Grundsatz, der hierzulande in allen politischen Lagern breiteste Anerkennung genießt. Dabei liegt der Widersinn, der in ihm steckt, derart offen zutage, daß sein kollektives Nicht-Bemerken schwerlich eine Sache des Intelligenzquotienten sein dürfte.

Rüttelt der erste Teil der Sammlung an einigen nicht unerheblichen Tabus, so wendet sich der zweite vornehmlich dem Metier zu, das Tabus und ihre seelischen Ursachen wissenschaftlich analysiert - und vor Tabus doch selber nicht gefeit ist, wie man an seinen gesellschaftlichen, metaphysischen oder erkenntnistheoretischen Voraussetzungen entdecken kann. Davon handeln die Aufsätze über Freud und Jung.

Wie die Lehre vom Unbewußten und der Triebstruktur weit in die Metaphysik ragt, so ragt Metaphysik tief ins Unbewußte und die Sexualität. Darum geht es unter dem Titel *Sexus und Geist*. Der unphilosophische Gesichtspunkt des Geschlechterkampfs zeigt sich dabei als philosophisch höchst aufschlußreich, und die Frage, inwiefern Denken weiblich und männlich und inwiefern es geschlechtsneutral ist, steht ohnehin zur Klärung an.

Gewalt ist in besonderer Weise tabu; in Tabus steckt aber stets auch Gewalt - nicht nur die kultivierende des Triebverzichts, sondern vor allem die verblendende eines spezifischen Denkverzichts, den die Individuen sich gegenwärtig massenhaft antun, um es in der Gesellschaft, die sie sich nicht selbst ausgesucht haben und dennoch fortbestehen lassen, einigermaßen auszuhalten. Um die Gegenwart aber geht es. Wenn die hier versammelten Texte ein wenig veranschaulichen könnten, was heute "gesellschaftlicher Verblendungszusammenhang" heißt, hätten sie vielleicht auch schon etwas, obwohl nur ein Geringes, gegen ihn unternommen.

Die Illusion der Gewaltlosigkeit

Wir erinnern uns: Ein Autor mit dem Pseudonym "Mescalero" äußerte "klammheimliche Freude" über den "Abschuß" des Generalbundesanwalts Buback, verwarf aber das Attentat auf ihn als politisch falsch. Als in den Medien nun ständig die klammheimliche Freude zitiert wurde, nicht aber der Argumentationszusammenhang, in dem sie vorkam, beschlossen ein paar Hochschullehrer, den ganzen Text zu veröffentlichen, getreu dem Lessingschen Vorbild: Man muß wenigstens kennen, was man verurteilt. Und die Obrigkeit, die Lessings Aufgeklärtheit und Toleranz nicht genug vor ihren eigenen Karren spannen kann, wenn er 250. Geburtstag oder 200. Todestag hat, reagierte mit dem gleichen Verdacht wie ihre Vorgänger gegen Lessing: Wer ein heikles Dokument publiziert, steckt mit dem Autor unter einer Decke. Daher verlangte das zuständige Ministerium von besagten Hochschullehrern eine feierliche Erklärung: für den demokratischen Rechtsstaat und gegen Gewalt.

Eine Erklärung für die Quadratur des Kreises; denn den Rechtsstaat bejahen heißt Gewalt bejahen. Ein ohnmächtiger Haufen Papier wären die geltenden Gesetze, gäbe es keine Polizei, die sie durchsetzt. Und wo sie im Namen des Gesetzes eingreift, begeht sie oft selbst, was das Gesetz verbietet. Sie übertritt die Geschwindigkeitsbeschränkung, um den Verkehrssünder zu stellen, der sie übertrat. Sie überwältigt den Verbrecher, der einen Passanten überwältigte, was nicht minder Freiheitsberaubung ist als die, die der Verbrecher zuvor verübte. Daß der Polizist für seine Tat nicht wiederum belangt, sondern befördert wird, dankt er dem bemerkenswerten Umstand, daß das Gesetz um seiner Geltung willen von seinen Hütern bisweilen verlangt, es zu übertreten. Ausgerechnet bei der Durchsetzung des Rechts befindet sich die Polizei auch jenseits des Rechts, was leicht zu dem trügerischen Umkehrschluß verführt, jedes gesetzlose Handeln der Polizei diene der Durchsetzung des Rechts. Davon kann freilich keine Rede sein, und doch zehren von diesem Trug der Vertrauensbonus, den im Zweifelsfall die Freunde und Helfer bei der Bevölkerung nach wie vor genießen sowie die stets glimpflich-allzuglimpflichen Urteile gegen Polizisten, die über die Stränge ihrer Dienstpflicht schlugen. Die Polizei kann sich einerseits ungleich mehr herausnehmen als jeder Normalbürger und hat es andrerseits schwerer als er, genau auseinanderzuhalten, was sie muß und was sie nicht darf, und zwar beides aus demselben Grund: weil schon ihr legales Tun weit ins Illegale reicht und bisweilen dem Rechtsbruch, den es bekämpft, bis aufs Haar gleicht.

Müßig also die Frage, wo Recht aufhört und Gewalt beginnt. Recht hat immer schon an der Gewalt teil, die es eindämmt, und wo es unmittelbar einzugreifen gewöhnlich nicht nötig hat, wie etwa bei der Kindererziehung, hört Gewalt deswegen noch längst nicht auf. "Wie kultiviere ich die Freiheit bei dem Zwange?" fragte Kant[1], und die gesamte Pädagogik ist über diese Frage nicht hinausgelangt. Sie macht klar, daß Freiheit nicht vom Himmel fällt, sondern von jedem Individuum mühsam erst erarbeitet werden muß. Mühsame Arbeit aber ist mit Unfreiheit geschlagen; was dem Zwang abgerungen werden muß, trägt selbst noch seine Male (eine große Kantische Einsicht, die beim Moralphilosophen Kant übrigens merkwürdig kurz kommt). So behut-

1 Immanuel Kant, Über Pädagogik, A 32, Werke, hg. von Wilhelm Weischedel, Bd XII, Frankfurt 1974, S. 711

sam und verständnisvoll Erziehung auch vor sich gehen mag, so sehr sie sich die freie Entfaltung des Subjekts angelegen sein läßt - sie kommt nicht umhin, zu disziplinieren, d.h. mit physischer Gewalt, Drohung und Strafe den Zögling zum Triebverzicht zu zwingen, und wer begriffen hat, daß Liebesentzug für ein Kind so viel wie Katastrophe bedeuten kann, weiß auch, daß Gewalt nicht erst bei Ohrfeigen und Rippenstößen beginnt. Sie ist immer schon da. Aussichtslos daher der Versuch, sie mit einer Definition vom Schlage "Gewalt ist, wenn..." zu umreißen und eindeutig festzulegen, wo sie beginnt und wo sie aufhört. Die Anhörungen, die das Bundesverfassungsgericht gegenwärtig veranstaltet, um sprachlich klar und juristisch handhabbar die Grenze zwischen Gewalt und Gewaltlosigkeit herauszuarbeiten, können denn auch zu nichts Stichhaltigem führen.

Das hat einen objektiven Grund: Im Triebverzicht, ohne den es menschliche Gesellschaft und Kultur nicht gäbe, ist das Verhältnis von Gewalt und Gegengewalt bereits in seiner ganzen Doppelsinnigkeit angelegt. Der rohe Trieb, der nichts kennt als seine sofortige Befriedigung, ist gewalttätig, der ihn bändigende Geist ebenfalls. Beide sind gegeneinander Gewalt. Gegengewalt aber ist stets zweierlei: Gewalt und *gegen* Gewalt, also sowohl Verstärkung von Gewalt als auch ihre Entkräftung, immer beides zugleich, nur nicht beides in gleichem Maße. Einzig davon aber, welche Seite die Oberhand gewinnt, hängt ab, ob Gewalt barbarisch oder human wirkt, was oft schwer zu entscheiden ist. So ist im demokratischen Rechtsstaat, der das Faustrecht und die Feudalwillkür zugunsten eines geregelten Gewaltmonopols abgeschafft hat, Gewalt einerseits über sich selbst hinausgewachsen, denn sie gewährt den Bürgern ein nicht zu verachtendes Maß an Sicherheit und Freiheiten, agiert also um ihres Gegenteils willen und bricht sich damit gleichsam selbst. Andrerseits erblüht dieser Rechtsstaat auf der Basis eines materiellen Wohlstands, den die ungerechte, wiewohl legale Ausbeutung ganzer Kontinente gewährt. Wohin tendiert da die Gewalt mehr: zur Selbstbefestigung oder zur Selbstaufhebung?

Hier ist mit fixen Definitionen nicht geholfen. Gewalt ist universal, aber es ist nicht alles Gewalt. Keine Theorie hat das in gleichem Maße begriffen wie die kritische. Belehrt durch Nietzsche, der noch in den sublimsten kulturellen Gebilden das Gewaltmoment aufzuspüren wußte und erkannte, daß ohne einen "Tropfen Grausamkeit"[2] nicht einmal das Denken sich selbst und die Sinneswahrnehmungen zu begrifflicher Synthesis disziplinieren könnte, hat Adorno alle Dimensionen von Gewalt aufzudecken gesucht, in die die Menschen der technisch fortgeschrittensten Ländern verstrickt sind. Dabei variiert er, ohne es freilich ausdrücklich zu sagen, die platonische Lehre von der Teilhabe. Der einzelne Mensch, Hund oder Baum existiert nach Platon bekanntlich nur, sofern er an der Idee des Menschen, Hundes, Baumes teilhat. Das Einzelding ist zwar das Gegenteil der Idee, aber es hat nur Bestehen, sofern sie es ihm gibt; jenseits der Idee ist es nur, sofern es auch diesseits ist. Dieser Gedankengang, anerkannt als klassisches metaphysisches Lehrstück, stößt auf Unmut, wo er als gesellschaftstheoretisches Lehrstück über Gewalt und Freiheit bei Adorno wiederkehrt. Seine Einsicht, daß alle real existierende Freiheit nur kraft ihres Gegenteils besteht, daß, was jenseits von Gewalt ist, auch diesseits ist, prallt ab von Köpfen, die Gewalt und Freiheit nur als Entweder - Oder zu denken vermögen.

2 Friedrich Nietzsche, Jenseits von Gut und Böse, Aph. 229, Werke, hg. von Karl Schlechta, Bd. IV, München 1980, S. 694

Daß Gewalt universal sei, kann für sie nur heißen: Alle Katzen sind grau.

Das Gegenteil ist der Fall. Die Allgemeinheit von Gewalt wurde in ihrem ganzen Ausmaß erst in einer Epoche bewußt, deren technische Errungenschaften den größten Teil davon überflüssig gemacht haben und die Unterscheidung zwischen vermeidbarer und unvermeidbarer Gewalt um so dringlicher werden ließen. Auf ihre unsichtbaren Formen wurde man erst vollends aufmerksam in einer Gesellschaft, die selber durch eine unsichtbare Form von Gewalt zusammengehalten wird: den ökonomischen Zwang des Kapitals, der nur in seinen Wirkungen anschaulich ist, nicht an sich, daher aber um so wirkungsvoller bis ins Innerste der Subjekte vorzudringen und sie auch dort noch zu gängeln vermag, wo sie völlig spontan und frei zu handeln meinen.

Schonungslose Aufklärung über das ganze Ausmaß von Gewalt ist die Bedingung dafür, den größten Teil davon abzuschütteln. Doch auch in einem Verein freier Menschen wäre der Triebverzicht nur humanisiert und minimiert, nicht vollends beseitigt. Völlige Gewaltlosigkeit wäre erst, wo Triebverzicht ganz aufhörte: in der Versöhnung von Geist und Natur. Aus einem radikalen Begriff von Gewalt folgt unweigerlich ein radikaler Begriff von Gewaltlosigkeit: ein theologischer. Adorno hat sich dieser logischen Konsequenz nicht verschlossen. Daß die Menschen aus eigener Kraft Versöhnung nicht herstellen können, sagt die Theologie selbst. Daß ein Gott, der das tun wird, durch nichts verbürgt ist, sagt ihr Adorno - und hält dennoch am theologischen Gedanken fest. Auch wenn radikale Versöhnung, zu der auch die Erlösung von Gebrechlichkeit und Sterblichkeit gehörte, alle menschlichen Möglichkeiten übersteigt, ja selbst wenn sie niemals eintreten wird, so ist sie dennoch denknotwendig. Erst im Licht der Versöhnungsidee zeigt sich unverstellt die ganze Unversöhntheit der Welt, nur sie bewahrt vor einem verkürzten Begriff von Herrschaft und Freiheit, Gewalt und Gewaltlosigkeit. Oder in Adornos Worten: "Erkenntnis hat kein Licht, als das von der Erlösung her auf die Welt scheint"[3].

Einen Begriff wie den der Gewaltlosigkeit konsequent zu Ende denken, auch wenn er dann über alles, was realisierbar ist, hinausführt und die Menschen um so peinlicher daran erinnert, daß sie, solange sie elend und sterblich sind, theologische Fragen nicht los werden - das gilt als unwissenschaftlich in einem Betrieb, wo nur zählt, was sich empirisch überprüfen oder prognostisch kalkulieren läßt. An den lieben Gott mag man glauben oder ihn einen guten Mann sein lassen - aber bitte jenseits der Wissenschaft. Und so haben diejenigen, die sich die Verwissenschaftlichung kritischer Theorie zur Lebensaufgabe erkoren, vor allem an Adornos Versöhnungsbegriff Anstoß genommen. Weil nicht realisierbar, sei er überspannt und müsse, wie Jürgen Habermas bereits im Nekrolog auf Adorno forderte, zur Idee "des Zusammenlebens in zwangloser Kommunikation" gemildert werden.[4] Solche "Milderung" bedeutet Verwässerung. Zwanglose Kommunikation nicht als sprachlicher Ausdruck versöhnten Daseins, sondern *anstatt* Versöhnung, als Versöhnungs*surrogat* also, ist ein Begriffsunding: Einerseits jenseits allen Zwangs, andrerseits verschieden von Versöhnung, ist es das ausgeschlossene Dritte zwischen beiden und zudem mit der wunderlichen Eigenschaft begabt, mit

3 Theodor W. Adorno, Minima Moralia, Aph. 153, Frankfurt 1976, S. 333

4 Jürgen Habermas, Theodor W. Adorno wäre am 11. September 66 Jahre alt geworden, in: Theodor W. Adorno zum Gedächtnis, hg. von Hermann Schweppenhäuser, Frankfurt 1971, S. 34

dem eingestandenermaßen nach wie vor unversöhnten Erdendasein bestens verträglich zu sein. Ein solcher Begriff von Zwanglosigkeit ist von dem, was er nicht ist, nicht mehr unterscheidbar. Er läßt sich nicht widerspruchsfrei denken.

Machen wir die Probe aufs Exempel: Wo der radikale, das heißt theologische Begriff der Gewaltlosigkeit verwässert wird, kann auch zum politischen Gewaltproblem nichts radikal Kritisches mehr beigetragen werden. Habermas gehört zu den Verteidigern des zivilen Ungehorsams. Weil der Rechtsstaat, wenn er aus Grundrechten und Verfassung Gesetze und Regierungsbeschlüsse ableitet, immer in der Gefahr steht, vom Sinn der Grundrechte und Verfassung abzuweichen, beweist er seine demokratische Qualität gerade dort, wo er für die "*vorsätzliche Verletzung* einzelner Rechtsnormen", die "eine Änderung der Gesetze oder der Regierungspolitik herbeiführen sollen", ein Höchstmaß an Verständnis aufbringt, vorausgesetzt, der Protest ist "ein moralisch *begründeter*", "ein *öffentlicher* Akt" und beschränkt "auf *gewaltfreie* Mittel"[5]. Habermas, der "keine juristische, sondern eine rechtsphilosophische Antwort"[6] geben möchte, verschwendet nicht *einen* philosophischen Gedanken an den Terminus "gewaltfreier Widerstand", sondern übernimmt unbesehen, was Juristen behaupten: Gewaltfreiheit ist, wenn "die physische und psychische Integrität des Protestgegners oder unbeteiligter Dritter" gewahrt bleibt, sie schließt "Momente der Nötigung nicht in jedem Falle aus" und ist "mit psychischem Druck und Beeinträchtigung der Bewegungsfreiheit Dritter vereinbar"[7].

5 Jürgen Habermas, Die neue Unübersichtlichkeit, Frankfurt 1985, S. 83f

6 A. a. O., S. 85

7 A. a. O., S. 84

Juristen neigen dazu, nur so weit zu denken, wie es juristischen Erfolg verspricht. Rolf-Peter Callies jüngst bei der Anhörung vor dem Bundesverfassungsgericht: "Wird aber bloße Nötigung, wird sozialer Druck und Zwang, wird vielfältige Einflußnahme und Nötigung im täglichen Leben schon als Gewalt begriffen, [...] dann darf man sich nicht wundern, wenn viele Bürger die Gesellschaft und den Staat letztlich nur noch als einen einzigen Gewaltzusammenhang zu begreifen imstande sind."[8] Mit andern Worten: Den (leider sehr richtigen) Gedanken, daß die bürgerliche Gesellschaft durch Gewalt zusammengehalten wird, darf man gar nicht erst aufkommen lassen, weil die meisten dann doch nicht kapieren würden, daß nicht *nur* Gewalt sie zusammenhält. Die mutmaßliche Beschränktheit der Bürger wird zur Richtschnur der Jurisprudenz, zum Alibi dafür, auf einen konsequenten Gewaltgedanken zu verzichten und sich die Sache so einzurichten, daß sie juristisch handhabbar wird: indem man all die Zwänge, die unter Strafe zu stellen nicht sinnvoll oder möglich ist, aus dem Gewaltbegriff ausblendet. Man schaltet die richterliche Willkür aus, die bei der schwierigen Unterscheidung von zu billigender und zu strafender Gewalt in der Tat großen Spielraum hätte - durch die völlig willkürliche Unterscheidung von Zwang und Gewalt. Die Willkür verlagert sich so vom Richter ins Gesetz, wird dadurch prinzipieller und trübt systematisch den Blick für das reale Gewaltfundament der bürgerlichen Gesellschaft.

Daß Habermas dazu beiträgt, wenn er wie selbstverständlich von "gewaltfreiem Widerstand" spricht, zeigt auch sein zweites Kriterium für zivilen Ungehorsam: "Identifikation

8 Rolf-Peter Callies, Die Folgen für die politische Paritizipation sind bedenklich. In: Frankfurter Rundschau vom 1.8.1986, S. 14

mit den Verfassungsgrundsätzen einer demokratischen Republik"[9]. Solche Identifikation erspart das Begreifen des schmerzlichen Sachverhalts, daß die Verfassung unseres Rechtsstaats menschliche Grundrechte ebenso gewährleistet wie sabotiert. Freiheit, Gleichheit, Gerechtigkeit sind Wirklichkeit, wo tendentiell alle Besitzer von Waren sind, über die nur sie disponieren, wo alle den gleichen Gesetzen unterstehen und sich zu allerlei politischen und religiösen Angelegenheiten frei versammeln und äußern dürfen. Doch diese Wirklichkeit ist Farce, solange die gleichen Rechte auch jenem globalen Wirtschaftsgesetz dienen, das die Mehrzahl der Menschen zu Arbeitskräften degradiert, die angewendet oder liegengelassen werden, und dessen unbändiger Wachstumstrieb sich ohne Massenarmut, Raubbau an den materiellen Lebensgrundlagen und Kriegen nicht befriedigen läßt und sich mit Wirtschaftskrisen rächt, wo er ungestillt bleibt.

Solange die Menschenrechte dies Doppelgesicht zeigen, reicht Identifikation mit demokratischer Verfassung nicht aus - man muß die Menschenrechte ernster nehmen, als eine kapitalistisch verfaßte Gesellschaft das je können wird. Das Spannungsverhältnis von Legalität und Legitimität beginnt nicht erst dort, wo Gesetze von den Verfassungsgrundsätzen abweichen - es steckt in der Verfassung selbst: Sie ist daseiender Widerspruch, Abweichen von sich selbst. Daran hat sich kritische Theorie einst entzündet - zu einer Zeit, wo das Abweichen von sich selbst in Selbstpreisgabe überging: den nationalsozialistischen Staat. An der Grundstruktur der Kritik hat das nichts geändert. Auch wo Adorno, Horkheimer oder Marcuse nach dem zweiten Weltkrieg vom "falschen Bestehenden" sprachen, ging es vornehmlich um die demokratische westliche Gesellschaft, die die Menschenrechte in

9 Jürgen Habermas, Die neue Unübersichtlichkeit, a. a.O., S. 82

falscher Gestalt verwirklicht, und stets darum, den Ungeist im Geist bürgerlicher Verfassung beim Namen zu nennen und den Geist gegen den Ungeist einzuklagen.

Anders Habermas: "Die vorbehaltlose Öffnung der Bundesrepublik gegenüber der politischen Kultur des Westens ist die große intellektuelle Leistung unserer Nachkriegszeit, auf die gerade meine Generation stolz sein könnte." "Der einzige Patriotismus, der uns dem Westen nicht entfremdet, ist ein Verfassungspatriotismus."[10] Die Differenz ist deutlich: Statt geistiger Durchdringung der Doppeldeutigkeit bürgerlicher Verfassung bedingungslose Identifikation mit ihr als dem Born ungetrübter Gewaltlosigkeit und Gerechtigkeit, daraus alle Selbstheilungskräfte der Demokratie quellen - auch der zivile Ungehorsam, als dessen drittes Kriterium Habermas den "ausschließlich *symbolischen Charakter*"[11] hervorhebt.

"Symbolischer Widerstand" ist nur dann keine Phrase, wenn gesagt wird, *wofür* er Symbol ist. Wir erfahren aber lediglich, welche Funktion das Symbol haben soll, nämlich die "des Appells an die Einsichtsfähigkeit und den Gerechtigkeitssinn einer Mehrheit von Staatsbürgern"[12], hingegen nicht, wofür es steht. Allein davon jedoch hängt seine Bedeutung ab. In gewisser Hinsicht ist heute jeder Widerstand bloß symbolisch: Er hat etwas Scheinhaftes. Adorno sagte 1969: "Gegen die, welche die Bombe verwalten, sind Barrikaden lächerlich; darum spielt man Barrikaden, und die Gebieter lassen temporär die Spielenden gewähren."[13] Das gilt

10 Jürgen Habermas, Eine Art Schadensabwicklung. In: Die Zeit vom 11.7.1986, S. 40

11 Jürgen Habermas, Die neue Unübersichtlichkeit, a. a.O., S. 84

12 A. a. O., S. 83

13 Theodor W. Adorno, Marginalien zu Theorie und Praxis, Gesammelte Schriften,Bd. 10/2, Frankfurt 1977, S. 771

auch noch für Wackersdorf. Ob man Sitzblockaden veranstaltet oder Zäune niederreißt - es ist vorab klar, daß man damit den Bau der Wiederaufarbeitungsanlage nicht verhindert. Und selbst wenn die Polizei die neuen Waffen einsetzt, mit denen Bayern sie für Demonstrationen ausgerüstet hat, so ist sie weit davon entfernt, ernstlich ihre ganze Macht auszuspielen. So real die Schmerzen sind, die durch Gummigeschosse, Reizgas, Steinwürfe verursacht werden - die Handgreiflichkeiten sind Scheinkämpfe, die sich die Staatsmacht leisten kann, solange von vornherein feststeht, daß die Demonstrationen ihr Ziel nicht erreichen werden.

Sofern ein Symbol eine Sache nur *bedeutet*, nicht ist, handelt es sich bei allen Aktionen, die in den letzten Jahren an Kraftwerken und Raketenstandorten stattfanden, um symbolischen Widerstand. Daß er die Polizei nicht in die Flucht schlagen wird, daß er an Ort und Stelle seinen Willen bloß bekunden, nicht durchsetzen kann, ist vorab klar. Insofern ist er nicht real. Vielmehr drückt ihm die Realität den Makel des Vergeblichen und Lächerlichen auf, und der verstärkt sich zur Peinlichkeit, wo man ihn sich nicht eingesteht und in grober Verkennung der tatsächlichen Machtverhältnisse Sternmärsche, Menschenketten und Dörfer im Wendland mit realem Widerstand verwechselt: als seien sie schon der Druck, dem die Mächtigen sich beugen. Wo diese Illusion umgeht, hört der Widerstand auf, Symbol zu sein. Er wird zur Sache selbst - aber als deren Karikatur, die zugleich der Verzicht auf die Sache ist. Solcher Verzicht verkleidet sich entweder in betriebsame Wichtigtuerei, die sich unablässig im Kampf wähnt und vorgibt, für den Frieden laufen, Hände anfassen oder schweigen heiße *wirklich* etwas für den Frieden tun - was Günther Anders zu der Bemerkung veranlaßte, ebensogut wie für ihn schweigen könne man pausenlos

Schinkensemmeln für ihn essen. Oder der Verzicht äußert sich als musterdemokratische Besorgnis, jeglicher Widerstand verliere beim ersten Steinwurf seine Glaubwürdigkeit, weil er dann nicht mehr gewaltfrei und symbolisch sei. Statt zu begreifen, daß er schon vorher nicht gewaltfrei war und durch Handgreiflichkeiten nicht aufhört, symbolisch zu sein, macht Habermas sich zum Anwalt dieser Besorgnis: zum Anwalt herrschenden Bewußtseins. Tatsächlich hat realer Widerstand, der einzige, der wirklich ernstzunehmen wäre, für die erdrückende Bürgermehrheit den Makel der Unglaubwürdigkeit, während ihr allenfalls einer, der sein Ziel erst gar nicht erreichen will, seriös erscheint. Das zeigt, wie weit die Verkehrung von Realität und Symbol gediehen ist. Das Symbol steht nicht länger für eine Sache, auf die es eigentlich abgesehen ist, sondern an ihrer Stelle, als Verzicht auf sie. Es wird zum Surrogat.

Hier schließt sich die Argumentation zusammen. Die Idee der Versöhnung strich Habermas zugunsten ihres Surrogats: einer zwanglosen Kommunikation, deren Zwanglosigkeit nicht widerspruchsfrei gedacht werden kann - und dennoch in den Grundrechten demokratischer Staatsverfassung repräsentiert sein soll. Und siehe da, der Widerspruch pflanzt sich fort: Solange die Menschenrechte *die* Freiheit, Gleichheit und Gerechtigkeit beschützen, die das kapitalistische Wirtschaftsgesetz meint, widerstreiten sie sich selbst und sind nicht Symbole, sondern Surrogate der Humanität. Wird schließlich das Bekenntnis zum Rechtsstaat und gegen Gewalt, dem man den Widerspruch schon an der Nasenspitze ansehen kann, zum einzigen Legitimationsausweis für Aufbegehren gegen gesellschaftliche Mißstände erklärt, so bleibt nicht aus, daß allein ein Widerstand als statthaft gilt, der von vornherein bekundet, daß er das, wogegen er sich richtet, nicht wirklich antasten will. Dem sittlichen Ernst aber, der bisweilen Menschen bewegt, sich gegen Mißstände zu wehren, *obwohl* deren Beseitigung aussichtslos ist, wird ein Strick gedreht, wenn es heißt: *Nur sofern* ihr sie nicht beseitigen wollt, ist euer Widerstand sittlich und ernsthaft. Und doch verlangt Habermas das von jenem Widerstand, den er den symbolischen nennt, obwohl er die Verfallsform des Symbols meint: das Surrogat.

Die Dinge kehren sich um. Der realitätstüchtige Theoretiker, der nicht in utopische oder theologische Sphären ausschweifen mag, der sich lieber an handfeste juristische Definitionen hält, auf konkrete Problemlösungen aus ist und dennoch kritischer Theoretiker bleiben möchte - was hat er der gesellschaftlichen Misere, die ihm nicht entgangen ist, schließlich entgegenzustellen? Surrogate der Kritik. Hatte Günther Anders gezeigt, wie durch das Medium des Fernsehens die Realität zum vervielfältigten Surrogat ihrer selbst wird, zur "Welt als Phantom und Matrize"[14], so zeigt sich an Habermas, wie durch das Medium der zwanglosen Kommunikation die kritische Theorie zu Phantom und Matrize wird: zu einem Surrogat von Kritik nämlich, das zudem den Status eines wissenschaftlichen Paradigmas gewonnen hat und sich als solches in den Köpfen eines ganzen wissenschaftlichen Lagers vervielfältigt.

In neuem Gewande stellt sich die alte Hegelsche Frage: *Wer denkt abstrakt?*[15] Adorno, der am theologischen Versöhnungsgedanken festhielt und sich durch seine Formulierung "Das Ganze ist das Unwahre"[16] nicht davon abhalten

14 Günther Anders, Die Antiquiertheit des Menschen, München 1956, S. 97 ff

15 Georg Friedrich Wilhelm Hegel, Wer denkt abstrakt? Werke Bd. 2, Frankfurt 1970, S. 575

16 Theodor W. Adorno, Minima Moralia, a. a. O., S. 57

ließ, die jeweils neusten Gestalten des Unwahren um des wahren Ganzen willen durchsichtig zu machen? Oder Habermas, dem Versöhnung zu fern und das Ganze zu pauschal ist, der sich gemäßigte Ziele steckt und gegen die fatalen "Imperative, die in die kapitalistische Wachstumsdynamik eingebaut sind", mit Bewahrung "kommunikativ strukturierter Handlungsbereiche"[17], mit "Verfassungspatriotismus" und vor allem mit "Vertrauen der westlichen Kultur in sich selbst"[18] zu Felde zieht? Freilich, die Versöhnung von Geist und Natur ist nicht realisierbar, weil konsequentes Denken über alle Möglichkeiten menschlicher Praxis hinausragt. Zwanglose Kommunikation als Versöhnungs*ersatz* hingegen ist nicht realisierbar, weil nicht widerspruchsfrei denkbar. Freilich, die Rede vom "gesellschaftlichen Ganzen" wird sogleich abstrakt, wenn der Nachweis unterbleibt, wie es sich in seinen Teilen manifestiert. Die Verneinung des Ganzen hingegen ist von vornherein abstrakt: Wo es nur Teile gibt, sind die Teile das Ganze; es ist verleugnet, aber keineswegs verschwunden. Wie schon in Hegels kleinem Essay ist es auch in unserem Fall der eher bodenständigere Typus, der abstrakt denkt.

Freilich, Adorno hat auf illegale Aktionen der Studentenbewegung höchst reserviert reagiert und sich zum zivilen Ungehorsam nicht explizit geäußert, während Habermas einen konkreten Vorschlag zu seiner Regelung macht - und das immerhin in einer Zeit, wo die meisten ihn als ganz gewöhnliche Kriminalität verstanden wissen wollen. Doch diese Regelung nimmt der Sache den Stachel. Sie macht den zivilen Ungehorsam den hierzulande üblichen Streikritualen

17 Jürgen Habermas, Die neue Unübersichtlichkeit, a. a.O., S. 194 ff

18 A. a. O., S. 143

ähnlich. Bekanntlich bedeuten die begrenzten Arbeitsniederlegungen, die die alljährlichen Tarifverhandlungen begleiten, längst nicht mehr die Bereitschaft zu einem prinzipiellen Streik, sondern den Verzicht auf einen solchen. Sie sind nicht Symbol, sondern Surrogat. Als gewerkschaftlich verwaltete Ventile angestauten Unmuts dienen sie eher der Regulierung des Seelenhaushalts als der objektiven Besserung der Arbeitsbedingungen.

Ähnliches blüht auch dem zivilen Ungehorsam, sollte er durch ein gentleman's agreement, wie es Habermas vorschwebt, gesellschaftsfähig werden. So begrüßenswert es ist, wenn Richter in bestimmten illegalen Handlungen die legitimen Motive zu erkennen gewillt sind und das Strafmaß gegen Null gehen lassen, so fatal wäre es, wenn der Preis dafür das Absinken zivilen Ungehorsams vom Symbol zum Surrogat ist, wenn aus der Not der Scheinhaftigkeit, mit der aller verantwortliche Widerstand sich behaftet weiß, die Staatsbürgertugend eines Protests wird, der sich für gewaltlos hält. Dann nämlich steht alles, was der Appell "an die Einsichtsfähigkeit und den Gerechtigkeitssinn einer Mehrheit von Staatsbürgern" auch an Einsichten erwachsen lassen mag, vorab auf dem Boden eines falschen Einverständnisses: daß Gewaltlosigkeit das eigentliche Element der bürgerlichen Gesellschaft sei. Aus dieser kollektiven Illusion aber zieht die Staatsmacht einen erheblichen Teil ihrer enormen Kraft, die jeder zu spüren bekommt, der nicht bereit ist, diese Illusion zu teilen. Was Horkheimer und Adorno "gesellschaftlicher Verblendungszusammenhang"[19] nannten, läßt sich nirgends besser studieren als am kollektiven Bekenntnis zur Gewaltlosigkeit, das in Wahrheit ein Bekenntnis zum

19 Max Horkheimer/Theodor W. Adorno, Dialektik der Aufklärung, Frankfurt 1969, S. 48

Gewaltmonopol des Staates ist und damit selbstverständlich gutheißt, was es ablehnt: Gewalt.

Die Verwerfung aller Gewalt ist nur ihre scheinheilige Bejahung. Damit ist freilich ihre offene Bejahung noch längst nicht rechtens. Vielmehr hat geistige Reife sich daran zu bewähren, daß sie die Illusion der Gewaltlosigkeit zerschlägt und zwischen rechtmäßiger und unrechtmäßiger Gewalt aufs Gewissenhafteste unterscheidet. Das ist schwieriger denn je, weil Gewalt unfaßbarer denn je geworden ist - in ihren sublimen wie ihren manifest verheerenden Gestalten. Die Errungenschaften demokratischer Verfassung geben zwar Orientierungspunkte, aber kein letztes Kriterium. Legitim kann Gewalt nur sein, sofern sie um ihres Gegenteils willen geschieht. Rein gibt es dies Gegenteil nur als theologische Idee, die durch keine Praxis eingeholt werden kann: Versöhnung. Und selbst die Versöhnungsidee kann den, der hier und jetzt zwischen Gewalt und Gewalt zu entscheiden hat wie zwischen Regen und Traufe, kläglich im Stich lassen - gerade weil sie den Blick dafür schärft, wie tief die menschlichen Verhältnisse in Gewalt versenkt sind und wie wenig sie darüber hinausragen. Das heißt aber umgekehrt: Selbst wo sie das Handeln allein läßt, macht sie nicht blind und übergießt die Gewaltausübung mit dem Maß schlechten Gewissens, das ihr einen humanen Schimmer verleiht, weil es die Erinnerung an ihr Gegenteil wachhält.

DARÜBER SCHWEIGEN SIE ALLE

Tabu und Antinomie in der neuen Debatte über das Dritte Reich

Eine Antinomie ist eine besondere Art von Widerspruch: einer, in den man sich durch konsequentes Denken verwikkelt, nicht durch ungereimtes. Eine klassische Antinomie etwa ist der alte Streit, ob alles in der Welt nach Naturgesetzen geschehe, oder ob in ihr auch Freiheit am Werk sei. Beides ist gleich folgerichtig und gleich absurd. Freiheit *kann nicht* sein, denn sie würde die Naturordnung durchkreuzen, die in der gesetzmäßigen Verknüpfung von Ursache und Wirkung besteht und keine Ausnahme duldet. Freiheit *muß aber* sein, denn die kausale Verknüpfung muß einmal von selbst, spontan angefangen haben, andernfalls es keine erste Ursache gäbe, von der alles weitere als Wirkung abhängt. Recht hat bei einer Antinomie jede Seite, solange sie sich im Angriff befindet, unrecht, sobald sie angegriffen wird. Daher muß jede darauf bedacht sein, das letzte Wort zu haben, und der Streit geht end- und fruchtlos hin und her, solange sich nicht ein von beiden Seiten unberücksichtigter Gesichtspunkt zeigt, von dem aus die Antinomie auflösbar wird.[1]

Nun mag man denken, Antinomien seien etwas für Haarspalter und Berufsdenker, gehörten ins philosophische Seminar, aber nicht in den Alltag - doch weit gefehlt: Jeder durchschnittliche Deutsche, der bereit ist, sich der deutschen Vergangenheit zu stellen, hat es, ob er will oder nicht, mit dem logischen Ungetüm Antinomie zu tun. Die These: Die

1 Vgl. Immanuel Kant, Kritik der reinen Vernunft, Zweites Buch, 2. Hauptstück

deutsche Unheilsgeschichte ist einzigartig. Begründung: Daß eines der höchstentwickelten Kulturvölker, für das Namen wie Bach und Beethoven, Schiller und Goethe, Kant und Hegel stehen, im zivilisierten 20.Jahrhundert zum gigantischen Völkermord und Anstiften eines zweiten Weltkriegs fähig war, ist beispiellos. Die Gegenthese: Die deutsche Unheilsgeschichte ist keineswegs einzigartig. Begründung: Die Deutschen haben nur verspätet und gründlicher nachgemacht, was andere Kulturvölker ihnen vormachten: Spanier in Südamerika, Engländer in der Herstellung des Empire, Franzosen in den napoleonischen Kriegen. Die Beispiele sind zahllos, der rote Faden in der Geschichte der sogenannten Kulturvölker ein blutgetränkter.

In einer Antinomie hat immer recht, wer angreift. Machen wir also die Probe aufs Exempel: Einzigartig soll die deutsche Schuld sein? Nichts als der alte Dünkel von der Sonderstellung der Deutschen - wenn nicht im Guten, dann eben im Bösen. Im Büßergewand kommt er daher, spreizt sich durch den Gestus der Selbstzerknirschung moralisch auf und leistet gerade am wenigsten, was er sich am meisten zugute hält: Bewältigung deutscher Vergangenheit. Die nämlich erfordert nicht Zurschaustellung von Mitleid und Entrüstung, sondern nüchternes Begreifen. Begreifen aber lassen sich Dinge nur in ihrer Relation zu andern Dingen: indem man Gemeinsamkeit und Differenz an ihnen herausarbeitet. Erkennen heißt Vergleichen. So lautet seit Platon ein erkenntnistheoretisches Grundgesetz, und es gibt keinen Grund dafür, die deutsche Geschichte davon auszunehmen. Nur in ihrer Relation zu den Weltuntaten lassen sich die deutschen Untaten angemessen begreifen.

Damit hat der Angreifer sein Pulver verschossen; das Wort hat der Gegenangreifer. Und der entdeckt gerade dort die Schwachstelle, wo sein Kontrahent sich besonders stark fühlte: beim Vergleichen. Sobald man nämlich die deutschen Untaten mit andern vergleicht, kommt man zum Beispiel nicht umhin, russische Massenliquidierungen durch Genickschuß mit deutschen durch Gaskammern für qualitativ ebenbürtig zu erachten. Und worauf reduziert sich dann die Differenz? Auf Quantitatives. Und schon ist man, ob man will oder nicht, auf der schiefen Bahn jener Aufrechnerei, auf der seit 1945 in unwürdiger Weise deutsche Schuld bagatellisiert wird: Dresden gegen Auschwitz, die deutschen Ostflüchtlinge gegen die Juden, Stalin gegen Hitler. Deutsche Verbrechen in Relation zu andern beurteilen heißt sie relativieren. Vergleichen heißt in diesem Fall Verwässern. Hier ist den Anfängen zu wehren, und das heißt auf der Einzigartigkeit der deutschen Ereignisse zu bestehen: der bürokratischen Besessenheit der Nazis für die Perfektionierung des Grauens, die alle menschliche Vorstellungskraft übersteigt.

Damit ist wieder der Ausgangspunkt erreicht; der Schlagabtausch könnte von neuem beginnen. Informierte Leser werden in seiner logischen Struktur längst das Grundschema der jüngst geführten Debatte über Nationalsozialismus erkannt haben, in der die Namen Nolte und Habermas hervorstachen. Es ist Habermas' großes Verdienst, auf eine neue Tendenz und einen neuen Ton in der deutschen Geschichtsschreibung aufmerksam gemacht zu haben. Wo die Verbrechen Hitlers und der Nazis als "asiatische Tat" bezeichnet werden, begangen "vielleicht nur deshalb, weil sie sich und ihresgleichen als potentielle oder wirkliche Opfer einer 'asiatischen' Tat betrachteten"[2], da verbinden sich Herrenrassevokabular und Weißwäscherei zum Tatbestand mehrfacher Beleidigung. Denn was will uns die völkische Wendung "asiatische Tat" anderes sagen als dies: Daß Asiaten solche Greuel begehen, ist furchtbar, aber nicht verwunderlich; so sind sie nun einmal. Daß Deutsche es tun, ist furchtbar, aber undeutsch. Die nationalsozialistischen Exzesse entstammen eigentlich gar nicht der deutschen Seele selbst, sondern dem asiatischen Untermenschen, in dessen Bann sie stand und der gleichsam in ihr handelte - womit die deutsche Seele gerettet und die Nato gerechtfertigt ist: als Kulturschutzbund. Wo ein Deutscher ungeniert von Hitlers "asiatischer Tat" redet, ist Alarm ebensoangezeigt wie dort, wo einer der "Zerschlagung" des deutschen Reiches das "Ende" des europäischen Judentums gegenüberstellt,[3] als sei ersteres ein Akt einseitiger Aggression, letzteres ein Dahinscheiden ohne äußere Einwirkung gewesen. An ihrer Sprache sollt ihr sie erkennen.

Einiges nährt den Verdacht, daß der neue Trend, den Nationalsozialismus endlich zu "historisieren", das heißt in weltgeschichtliche Zusammenhänge einzuordnen, weniger auf nüchternes Begreifen der deutschen Unheilsgeschichte aus ist als auf Abschütteln ihrer traumatischen Last und Schlußstrich; auf "eine Art Schadensabwicklung", wie Habermas es nennt[4]. Und doch bezeichnet sein Einspruch

2 Ernst Nolte, Vergangenheit, die nicht vergehen will. In: "Historikerstreit". Die Dokumentation der Kontroverse um die Einzigartigkeit der nationalsozialistischen Judenvernichtung, München 1987, S. 45. Alle Verweise ohne weitere Quellenangabe beziehen sich auf diesen Sammelband.

3 Vgl. Andreas Hillgruber, Zweierlei Untergang. Die Zerschlagung des Deutschen Reiches und das Ende des europäischen Judentums, Berlin 1986.

4 Jürgen Habermas, Eine Art Schadensabwicklung, S. 62

dagegen bloß die eine Seite der oben dargestellten Antinomie. Denn auf die Gretchenfrage, ob der Historiker nun ohne Tabus Vergleiche anstellen darf oder nicht, sagt Habermas ja und tut nein. Mit "Frageverboten für die Wissenschaft" will er "weiß Gott nichts zu tun"[5] haben, aber wenn Nolte und Fest ihn beim Wort nehmen, indem sie tatsächlich stalinistische und nationalsozialistische Untaten detailliert vergleichen und dabei nicht umhin kommen, erschreckende Gemeinsamkeiten festzustellen, die ihnen gravierender erscheinen als die Unterschiede - so wertet er das als reine Geschmacklosigkeit: als Legitimation "jener Art von Aufrechnungen, die bisher nur in rechtsradikalen Kreisen zirkulierten"[6]. Die Geschichtswissenschaft ist frei, aber wehe sie macht uneingeschränkten Gebrauch von ihrer Freiheit. Oder in den Worten Friedländers: Historisierung ist legitim, aber nicht "um jeden Preis"[7]. Und der Punkt, von dem an sie illegitim wird? Das Argument, bestimmte deutsche Ereignisse vom allgemeinen freien Vergleichen der Historiker auszunehmen? Es existiert nicht. Wo immer die Unvergleichlichkeit deutscher Ereignisse behauptet wird, ist die Behauptung Resultat eines Vergleichs: Nur sofern man andernorts nichts Gleichartiges entdeckt, nennt man deutsche Taten einzigartig. Habermas, Friedländer oder Jäckel kommen also ebensowenig umhin, zu vergleichen wie Nolte, Fest, Hillgruber oder Stürmer.

5 Jürgen Habermas, Vom öffentlichen Gebrauch der Historie, S. 253

6 Jürgen Habermas, Vom öffentlichen Gebrauch der Historie, S. 253

7 Saul Friedländer, zit. n. Herbert Freeden, Eine Debatte unter Deutschen. In: Frankfurter Rundschau vom 14. November 1986, S. 20

Daß es Massenlager und -deportationen in der Sowjetunion schon gab, bevor Hitler damit anfing, wird Nolte nicht müde zu betonen – und läßt sich nicht wegdiskutieren. Insofern ist der stalinistische Terror "ursprünglicher" als der nationalsozialistische; ursprünglicher freilich nur im Sinne von früher. Daß das Frühere auch des Späteren *Ursache* sei, ist damit noch längst nicht gesagt, und Noltes Beweisführung besteht darin, es einfach zu unterstellen – als gäbe es die innere Logik nicht, die ein anderes Früher und Später, nämlich Doktrin und Terror des Nationalsozialismus, miteinander verbindet und zur deutsch-gründlichen Organisation des Grauens auf asiatische Vorbilder wahrlich nicht angewiesen war.[8] Um so frappierender, daß der Vergleich, der das Spezifische nationalsozialistischer Untaten zutage fördern soll, ihr Spezifisches in erschreckendem Maße zurücktreten läßt. Angesichts von Konzentrationslagern hier und dort, Massendeportationen hier und dort, Massenvernichtungen hier und dort schrumpft der Unterschied zwischen hier und dort auf ein - Akzidens, das Wort in streng philosophischer Bedeutung genommen: nicht als Lappalie oder Bagatelle, sondern als "Hinzukommendes". Das Spezifische des nationalsozialistischen Terrors im Unterschied etwa zum stalinistischen *kommt hinzu* zum Wesen moderner Gewaltherrschaft, an dem beide gleichermaßen teilhaben. Das Hinzukommende, etwa die einzigartige deutsche Gründlichkeit in Organisation und Technisierung des Grauens, ist ein Ungeheuerliches, die Vorstellungskraft Übersteigendes - und dennoch nicht das Wesen des Terrors selbst, sondern "nur" ein Unterschied an ihm. Und selbst wenn die Differenz des nationalsozialistischen

8 Vgl. Eberhard Jäckel, Die elende Praxis der Untersteller, S. 118 ff.

Terrors zum stalinistischen sich nicht, wie Nolte meint, auf den Vorgang der Vergasung beschränkt, wenn sie vielmehr, nach Jäckels Einsicht, in der Art besteht, wie "ein Staat mit der Autorität seines verantwortlichen Führers beschlossen und angekündigt hatte, eine bestimmte Menschengruppe [...] restlos zu töten, und diesen Beschluß mit allen nur möglichen staatlichen Machtmitteln in die Tat umsetzte"[9] - sie bleibt akzidentell. So weit haben Fest und Nolte einfach recht. Nur daß ihre Feststellung automatisch mildernde Umstände für deutsche Taten reklamiert: Die andern waren auch keine Engel. Damit aber ist der bewährte deutsche Entschuldigungsmechanismus ausgelöst, der vom demokratischen Stammtisch bis in die rechtsradikale Presse reicht und sich deutlich an dem forschen Ton vernehmen läßt, die die "neue deutsche Unbefangenheit" bei der Historisierung des Nationalsozialismus anschlägt. Habermas hat recht: Dieser Ton ist ihr nicht äußerlich und verrät, worauf sie hinaus will: "eine Art Schadensabwicklung".

So bleibt es bei der Antinomie: Hier die Insistenz auf der Einzigartigkeit deutscher Untaten, die detailliertes Vergleichen als geschmacklos ablehnt und damit die Freiheit der Geschichtswissenschaft einschränkt. Dort das unbefangen registrierende Vergleichen, das nicht sein kann ohne zu relativieren und damit der Selbstlossprechung der Deutschen dient. Gibt es einen Ausweg aus dieser Antinomie?

Winkler hat folgenden vorgeschlagen: "Deutschland ist kulturell ein Land des Westens; es hatte teil an der europäischen Aufklärung und eine lange Tradition des Rechtsstaates. Das gilt nicht für Rußland und erst recht nicht für Kambodscha. Die Untaten Stalins und der Roten Khmer

9 Eberhard Jäckel, Die Deutschen und ihre Geschichte, In: Frankfurter Rundschau vom 6. Juni 1987, S. 12

werden dadurch nicht im mindesten entschuldigt. Aber Hitler und seine Helfer müssen wir an unseren eigenen, den westlichen Normen messen. Vor diesem historischen Hintergrund ist der vom deutschen Staat befohlene systematische Völkermord an den Juden, aber auch an den Sinti und Roma das größte Verbrechen des 20.Jahrhunderts, ja der Weltgeschichte."[10]

Das größte Verbrechen? Es sieht ganz danach aus. Aber warum deshalb mit zweierlei Maß messen? Deutsche an "westlichen" Werten, Russen und Kambodschaner an - asiatischen? minderen? Wodurch sie "nicht im mindesten entschuldigt", wohl aber in ein milderes Licht gestellt sind: Furchtbare Taten, aber eben asiatisch. Da ist sie wieder, die "asiatische Tat", wenn auch mit umgekehrten Vorzeichen, und Fest hat Oberwasser, wenn er kontert: Der Vorschlag, jedes Volk an seinen eigenen kulturellen Werten zu messen, setzt die "alte Nazi-Unterscheidung fort, wonach es höhere Völker gibt und Völker auf primitiverer Stufe"[11]. Nur daß dieser Bescheid erst einmal seinem Mitstreiter Nolte erteilt gehörte, ehe er an Historiker ergeht, die mit ihrem Plädoyer für einen mehrfachen Kulturmaßstab immerhin dies sagen wollen: Wir Deutschen haben nach wie vor allen Anlaß, zunächst und vor allem vor der eigenen Tür zu kehren.

Das nüchterne Kehren vor der eigenen Tür ist bei Deutschen die einzig sympathische und taktvolle Haltung - das Vertrackte nur, daß sie nicht aus der Zwickmühle führt. Begreifen lassen sich deutsche Untaten nun einmal nur im Zusammenhang mit den Weltuntaten - also indem auch bei andern nachgeschaut wird. Daher nochmals: Ist die Antinomie deutscher Vergangenheitsbewältigung auflösbar?

10 Heinrich August Winkler, Auf ewig in Hitlers Schatten? S. 261
11 Joachim Fest, Die geschuldete Erinnerung, S. 104

Durchaus. Zum Beispiel zeichnete sich eine Auflösung ab zu einer Zeit, als die Ereignisse, die wir heute als historische betrachten, Gegenwart waren oder noch nicht einmal ihren Höhepunkt erreicht hatten. Damals gab es in einigen wenigen Köpfen eine Unbefangenheit im Vergleichen, die der neuen Unbefangenheit nicht nachsteht - und dennoch über jeglichen Verdacht von Aufrechnerei erhaben war, weil sie einen entscheidenden Schritt übers Vergleichen hinaus tat: den zur Ableitung der verglichenen Phänomene aus ihren gesellschaftlichen Wurzeln. "Wer aber vom Kapitalismus nicht reden will", lautet Horkheimers berühmtes Diktum von 1939, "sollte auch vom Faschismus schweigen."[12] Was ist damit gemeint? Natürlich nicht, daß sich überall automatisch, simultan und mit einem Schlag kapitalistische Organisation der Gesellschaft in faschistische verwandeln müsse. Wohl aber, daß es eine mächtige, ökonomisch bedingte Tendenz dahin gebe. Das war in den 60er Jahren, als die Parole "Kapitalismus führt zum Faschismus" auf keiner besseren Demonstration fehlte, fast ein Gemeinplatz. Heute ist es anscheinend wieder nötig, daran zu erinnern.

"Im System der freien Marktwirtschaft", schrieb Horkheimer 1940, "sind seine spezifischen Erzeugnisse, die Maschinen, Destruktionsmittel nicht bloß im wörtlichen Sinn geworden: sie haben anstatt der Arbeit die Arbeiter überflüssig gemacht. Die Bourgeoisie selbst ist dezimiert, die Mehrzahl der Bürger hat ihre Selbständigkeit verloren; soweit sie nicht ins Proletariat oder vielmehr in die Masse der Arbeitslosen hinabgestoßen sind, gerieten sie in Abhängigkeit von den großen Konzernen oder vom Staat. Das

12 Max Horkheimer, Die Juden und Europa. In: ders., Aufsätze 1939-1941, Amsterdam 1967, S. 8

Dorado der bürgerlichen Existenzen, die Sphäre der Zirkulation, wird liquidiert. Ihr Werk wird teils von den Trusts verrichtet [...] Teils wird das Geschäft vom Staat besorgt. [...] Je mehr Produktivkräfte er in sein Eigentum übernimmt, desto mehr wird er wirklicher Gesamtkapitalist [...] Der Staatskapitalismus ist der autoritäre Staat der Gegenwart."[13]

Dessen besondere Stärke: Er vermag selbst noch die Opposition gegen ihn nach seinem Bilde zu formen. "Die Parole der Vereinigung in Gewerkschaften und Parteien war gründlich befolgt, aber diese führten weniger die unnatürlichen Aufgaben der vereinigten Proletarier durch, nämlich den Widerstand gegen die Klassengesellschaft überhaupt, als daß sie den natürlichen Bedingungen ihrer eigenen Entwicklung zur Massenorganisation gehorchten. Sie fügten sich den Wandlungen der Wirtschaft ein." "Das revolutionäre Bild der Entfesselung lebte nur noch in den Verleumdungen der Konterrevolutionäre fort. Wenn überhaupt die Phantasie sich vom Boden der Tatsachen entfernte, setzte sie an Stelle der vorhandenen staatlichen Apparatur die Bürokratien von Partei und Gewerkschaft, an Stelle des Profitprinzips die Jahrespläne der Funktionäre."[14] "Beide steuerten zur staatlichen Kontrolle hin. Regierungen und oppositionelle Parteibürokratien von rechts und links wurden je nach ihrer Stellung im Gesellschaftsprozeß auf irgend eine Form des autoritären Staats verwiesen. Für die Individuen freilich ist es entscheidend, welche Gestalt er schließlich annimmt. Arbeitslose, Rentner, Geschäftsleute, Intel-

13 Max Horkheimer, Autoritärer Staat, a. a. O., S. 41 f.
14 A. a. O., S. 43 f.

lektuelle erwarten Leben oder Tod, je nachdem ob Reformismus, Bolschewismus oder Faschismus siegt."[15]

Horkheimer, der in dieser verzweifelten weltgeschichtlichen Situation wahrlich andere Sorgen als Methodologie hatte, führt dennoch exemplarisch die Methode verantwortlichen Vergleichens vor: Das Wesen des autoritären Staats leitet er aus den immanenten Tendenzen des Kapitalismus her und begreift es als das Identische, ohne die unterschiedlichen Gestalten zu leugnen, in denen es sich konkretisieren kann. Sie sind akzidentell, und zwar in doppeltem Sinn: Zum einen alles andere als nebensächlich; Leben und Tod hängt davon ab, welche siegt. Zum andern läßt sich nicht vorherbestimmen, welche siegt. Das Akzidens ist durchs Wesen nicht vollständig determiniert, hat ihm gegenüber stets ein Moment von Zufälligkeit. Soll die Geschichte weder auf ein abschnurrendes Uhrwerk verkürzt noch in eine Unzahl von Phänomenen aufgelöst werden, die alle gleich wesentlich und gleich unwesentlich sind, so ist die alte philosophische Unterscheidung von Wesen und Akzidens unverzichtbar. Materialismus, der diesen Namen verdient, hat sie in sich aufzunehmen - und zwar ohne den Irrtum, akzidentell sei gleichbedeutend mit nichtig, belanglos. Individuen sind stets akzidentell, und doch geht es um sie. Um ihretwillen Theorie treiben aber nötigt gerade zur Thematisierung des gesellschaftlichen Wesens bzw. Unwesens, von dessen Zwangsgesetzen sie sich zu befreien hätten. Wird das Wesen hingegen um seiner selbst willen zum Thema gemacht und von ehernen, über der Geschichte waltenden Gesetzen gefaselt, ist der Materialismus korrumpiert - und nicht etwa in seinem Element.

15 A. a. O., S. 51

Aus dem Festhalten an Wesen und Akzidens resultiert auch Horkheimers Pointe: Selbst noch der Bolschewismus ist aus der Tendenz des Kapitalismus zum autoritären Staat zu begreifen - als eine Opposition, die im Bann der Verhältnisse blieb, die sie umwälzen wollte und so den Bann verstärkte. "Die konsequenteste Art des autoritären Staats, die aus jeder Abhängigkeit vom privaten Kapital sich befreit hat, ist der integrale Etatismus oder Staatssozialismus. [...] Die privaten Kapitalisten sind abgeschafft. [...] Aber die Produzenten, denen juristisch das Kapital gehört, bleiben Lohnarbeiter, Proletarier"[16] "Auch sofern der Mehrwert nicht länger als Profit eingestrichen wird, geht es um ihn. Die Zirkulation wird abgeschafft, die Ausbeutung modifiziert"[17] - durch einen Staat freilich, in dem "die Polizei das Leben bis in die letzten Zellen durchdringt"[18].

So scheut sich Horkheimer auch nicht, den Akzent auf das Gemeinsame zu legen: "In allen seinen Varianten ist der autoritäre Staat repressiv."[19] "Nur im Anfang kommen die meisten Opfer des Polizeiapparates aus der unterlegenen Massenpartei. Später strömt das vergossene Blut aus dem geeinten Volk zusammen. Die Auslese, die man in den Lagern konzentriert, wird immer zufälliger. Ob die Menge der Insassen jeweils wächst oder abnimmt, ja ob man es sich zeitweise leisten kann, die leeren Plätze der Ermordeten gar nicht wieder zu belegen, eigentlich könnte jeder im Lager sein."[20] Geschrieben 1940!

Horkheimers Schrift "Autoritärer Staat" ist programmatisch, aber ausführlich genug, um zu zeigen, wie man aus

16 A. a. O., S. 51 f.
17 A. a. O., S. 53
18 A. a. O., S. 52
19 A. a. O., S. 53
20 A. a. O., S. 55

der oben dargestellten Antinomie entrinnen und Phänomene vergleichen kann, ohne sie gegeneinander aufzurechnen: indem man Wesen und Akzidens an ihnen unterscheidet und sie aus etwas ableitet, was selbst nicht Phänomen ist, sondern Grundlage der Phänomene: die jeweilige Organisationsform der Gesellschaft. Die Feststellung von Gleich- und Ungleichartigkeit der Phänomene dient dann vor allem der Überprüfung, ob sie richtig abgeleitet sind. Richtige Ableitung kann aber bei den in Frage stehenden Untaten dieses Jahrhunderts nur Aktualisierung heißen, nicht Historisierung. Zu begreifen sind sie nicht dadurch, daß man sie im Album der Weltgeschichte an der richtigen Stelle einzukleben versucht, sondern nur als die Bahnbrecher der Vernichtungskräfte, die das kapitalistische Wirtschaftsgesetz zwanghaft zusammenbraut und die bis heute zu wirken nicht aufgehört haben.

Horkheimers Formulierung "Der Faschismus ist die Wahrheit der modernen Gesellschaft"[21] könnte man daher hinzufügen: Und der Stalinismus diese Wahrheit noch einmal - spiegelverkehrt. Er ist in gewisser Weise tragischer als der Faschismus, weil aus einer Revolution hervorgegangen, die jene Kräfte brechen wollte, denen sie schließlich doch nur zu einem alternativen Durchbruch verhalf. Beide aber, Faschismus wie Stalinismus, haben das unauslöschliche Stigma, die historischen Urbilder zu sein, von denen die heutigen Weltuntaten die Abbilder sind. Abbilder sind mit ihren Urbildern nie identisch, Faschismus und Stalinismus insofern unwiederholbar – und dennoch ständig präsent. Der eine schwebt als archetypisches Damoklesschwert über jeder kapitalistischen Expansion und Krise, der andere über jeder proletarischen Revolution. Das ist, bei aller Ähnlich-

21 Max Horkheimer, Die Juden und Europa, a. a. O., S. 9

keit der Phänomene, ein erheblicher struktureller Unterschied. Der eine ist die Gefahr, mit der die unvernünftige Einrichtung der Gesellschaft selbst droht; der andere droht beim Versuch, sie vernünftig einzurichten. Für beide aber gilt: Sie sind eine Vergangenheit, die nicht vergeht, weil die Geschichte seitdem eine ist, die nicht recht mehr voranschreitet: Die gesellschaftlichen Grundlagen von damals haben sich im Prinzip nicht geändert. Ob die Abbilder hinter den Urbildern zurückbleiben oder sie gar in dieser oder jener Hinsicht noch übertreffen - sie sind stets schon nach dem Bilde eines anderen geformt, gehen einen Weg, der schon gebahnt ist, befinden sich gleichsam in der Nachfolge. Solange die Welt so eingerichtet bleibt, wie sie ist, bleibt das Dritte Reich eines der beiden Urbilder modernen Grauens, und Deutschland wird diese Hypothek ebensowenig los wie eine Religionsgemeinschaft ihren Stifter.

Daß Horkheimer in späteren Jahren seine Kapitalismuskritik revidiert hat, ist ein Thema für sich und widerlegt keines der hier von ihm angeführten Zitate. Würde sein Begriff des autoritären Staats von 1940 der Interpretation der deutschen Vergangenheit heute zugrundegelegt - man könnte so viel vergleichen, wie man wollte, ohne sich im geringsten deutscher Weißwäscherei verdächtig zu machen. Betrachtet man hingegen den neuen deutschen Historikerstreit, so zeigt sich zumindest in einem Punkt tiefe Einigkeit: Vom Kapitalismus schweigen sie alle, so viel sie auch vom Faschismus reden mögen. Zwar erwähnt Habermas immerhin "die einfache Tatsache, daß auch die Nachgeborenen in einer Lebensform aufgewachsen sind, in der *das* möglich war". Aber diese Lebensform, "ein schwer entwirrbares Geflecht von familialen, örtlichen, politischen, auch intellektuellen

Überlieferungen", wird nicht einmal ansatzweise entwirrt, als "geschichtliches Milieu", das "von der Mimik und der körperlichen Geste über die Sprache bis in die kapillarischen Verästelungen des intellektuellen Habitus" reicht, ebenso diffus gelassen wie als "Mentalität", "in die die Spuren der sehr deutschen Denkbewegung von Kant bis Marx und Max Weber eingegraben sind"[22]. Deutschland, ein Milieu? Da hat sich allenfalls Weber, aber nicht Marx eingegraben, und vor allem: Die materielle, ökonomische Grundlage dieses Milieus hat sich verflüchtigt, was ganz der sonstigen Habermasschen Tendenz entspricht, von der modernen Produktion nur noch als einem technischen Systemzusammenhang, einem "Stück normfreier Sozialität"[23] zu sprechen, aber nicht mehr von den Produktions*verhältnissen*, die nach wie vor kapitalistisch, also alles andere als normfrei sind und dafür sorgen, daß es auch die technischen Prozesse nicht sind, solange die Menschen darin als Anhängsel der Maschinerie fungieren. An ihrer Sprache sollt ihr sie erkennen.

Daß Habermas gegen die neue deutsche Unbefangenheit initiativ wurde, weil wir "die Erinnerung an das Leiden der von deutschen Händen Hingemordeten wachhalten müssen"[24], ist ihm hoch anzurechnen. Daß ihm zu "Autoritärer Staat" auf der Horkheimer-Konferenz 1985 nur einfiel, hier rücke der Autor "von der materialistischen Geschichtsauf-

22 Jürgen Habermas, Vom öffentlichen Gebrauch der Historie, S. 247

23 Jürgen Habermas, Theorie des kommunikativen Handelns, Bd. 2, Frankfurt 1981, S. 256

24 Jürgen Habermas, Vom öffentlichen Gebrauch der Historie, S. 247

fassung ab"[25], und daß ihm in der Historikerdebatte dieser Text überhaupt nicht einfiel, mag belanglos erscheinen, bezeichnet aber genau seine Position in dieser Debatte. Konsens ist dort nämlich, über den Kapitalismus zu schweigen, weil auch etwas anderes Konsens ist: Eine neue deutsche Identität muß her. Für Stürmer, den Sprachbildner Helmut Kohls, kann das nur eine wiederhergestellte nationale Identität sein,[26] und die neue Unbefangenheit soll sie stiften helfen. Habermas' Einspruch dagegen steht im Zeichen einer alternativen Identität, gekennzeichnet durch "vorbehaltlose Öffnung der Bundesrepublik gegenüber der politischen Kultur des Westens" und "Verfassungspatriotismus".[27]

Schon vor mehr als einem Jahrzehnt stellte er die Frage: "Können komplexe Gesellschaften eine vernünftige Identität ausbilden?"[28] Womit unterstellt ist, daß es auch eine unvernünftige gibt und vorab feststeht, was Identität jedenfalls *nicht* heißen soll: das zwanglose, widerspruchsfreie Zusammenstimmen der Individuen mit der Gesamtheit ihrer Lebensbedingungen und -äußerungen. Weil nämlich die Verhältnisse so sind, daß sie den Menschen eine derartige Identität strikt vorenthalten, soll Identität nur noch das bedeuten, was sie vielleicht nicht vorenthalten: daß man sich in irgendeiner Gemeinschaft zu Hause fühlt. Das braucht der Seelen-

25 Jürgen Habermas, Bemerkungen zur Entwicklungsgeschichte des Horkheimerschen Werkes. In: Max Horkheimer heute: Werk und Wirkung, hg. von Alfred Schmidt und Norbert Altwicker, Frankfurt 1986, S. 168

26 Michael Stürmer, Kein Eigentum der Deutschen: die deutsche Frage. In: Werner Weidenfeld, (Hg.), Die Identität der Deutschen, München 1983, S. 84

27 Jürgen Habermas, Ein Art Schadensabwicklung, S. 75

28 So der Titel seiner Rede zur Verleihung des Stuttgarter Hegel-Preises 1973. In: Jürgen Habermas/Dieter Henrich, Zwei Reden, Frankfurt 1974, S. 23

haushalt, damit das Sozialmolekül Mensch nicht zugrunde geht. Identität in diesem ermäßigten Sinn stiftete einst die Religion, später die Nation und Partei, heute nicht einmal mehr die Familie.

Der verfallenen Identität wollen beide auf ihre Art aufhelfen: Stürmer durch Wiederherstellung einer nationalen, Habermas durch Aufbau einer neuen demokratischen, die "im Bewußtsein allgemeiner und gleicher Chancen der Teilnahme an solchen Kommunikationsprozessen begründet ist, in denen Identitätsbildung als kontinuierlicher Lernprozeß stattfindet"[29]. "Eine solche Identität braucht keine fixen Inhalte mehr, um stabil zu sein; aber sie braucht jeweils Inhalte."[30] Und wenn die auf demokratischem Wege, nämlich durch chancengleiche, freie Kommunikation gewonnen sind, dürfen sie das Prädikat "vernünftig" für sich reklamieren - wie immer sie auch lauten mögen. Der Weg bürgt für die Qualität des Ziels.

Vor allem aber verrät der Weg etwas anderes: Der Inhalt, zu dem er führt, spielt nicht mehr die Hauptrolle. Das gilt übrigens auch für Stürmer. Auf Nation und Patriotismus versteift er sich nur deshalb, weil er einzig sie nach dem Autoritätsverlust der Religion noch zur "höheren Sinnstiftung"[31] für fähig hält. Gemeinsam ist ihm also mit Habermas: Wichtiger als der Inhalt selbst ist dessen psychologische Leistungsfähigkeit. Kann man sich guten Gewissens mit ihm identifizieren? Das ist das Kriterium.

29 Jürgen Habermas, Können komplexe Gesellschaften eine vernünftige Identität ausbilden? A. a. O., S. 66

30 A. a. O., S. 69

31 Michael Stürmer, Kein Eigentum der Deutschen: die deutsche Frage, a. a. O., S. 86

Nun bedeutet aber Identifikation, wie Freud lehrt, "eine Angleichung eines Ichs an ein fremdes"[32], und in welchem seelischen Akt wäre der Mensch heteronomer als in diesem? Freilich wird ohne Identifikation niemand erwachsen, aber erwachsen wird man nur so weit, wie man über Identifikation hinausgelangt. Freilich gibt es Autonomie nur auf der Basis von Heteronomie, aber was man heute Identität nennt, ist Heteronomie, die für Autonomie ausgegeben wird. Da *hat* schon Identität, wer sich mit einer Gruppe oder Sache so zu identifizieren weiß, daß er von dort aus die Erfahrung und Anforderungen einer objektiv disparaten Realität subjektiv in Einklang zu bringen vermag - sei es die reale Geschichte der Nation mit ihren Geborgenheitsverheißungen, seien es unterschiedliche Geltungsansprüche wissenschaftlicher Theorien, seien es die heterogenen Imperative von Beruf und Familie, Pflichten und Neigungen. Ausbalancieren, Ausdifferenzieren, Austarieren, Ausdiskutieren heißen die Akte der Identitätsgewinnung, die alle auf dasselbe hinauslaufen: eine eingestandenermaßen disparate Welt wenigstens im Subjekt zur Harmonie zu bringen, oder mit einem Wort Adornos: "Erpreßte Versöhnung"[33]. Nicht von ungefähr hat Adorno darauf bestanden, daß unter den bestehenden Verhältnissen das Subjekt durchaus keine Identität hat. "Voraussetzung seiner Identität ist das Ende des Identitätszwangs."[34] Der aber besteht im seelischen Mechanismus der Identifikation ebenso fort wie in allen Kraftanstrengun-

32 Sigmund Freud, Neue Folge der Vorlesungen zur Einführung in die Psychoanalyse. In: Freud Studienausgabe, Bd. 1, Frankfurt 1969, S. 501

33 Theodor W. Adorno, Noten zur Literatur II, Gesammelte Schriften, Bd. 11, Frankfurt 1974, S. 251

34 Theodor W. Adorno, Negative Dialektik, Gesammelte Schriften, Bd. 6, Frankfurt 1973, S. 277

gen des Ausbalancierens und Ausdifferenzierens. Die ermäßigte Identität ist Identitäts*surrogat*, das bestmögliche Arrangement mit einer alles andere als identischen Welt.

Eine solche Identität will Habermas nicht minder als Stürmer. Strittig zwischen ihnen ist nur, wer sie stiften soll: Identifikation mit der Nation oder der demokratischen Verfassung? Wird die Frage so gestellt, spricht natürlich alles für die Verfassung. Mit Recht betont Habermas, daß es die Siegermächte waren, die sie nach 1945 auf deutschem Boden ermöglichten, und daß ihr Geist bis heute in deutschen Herzen längst nicht so heimisch geworden ist, wie deutsche Lippen bisweilen glauben machen wollen. Aber selbst wenn er ganz heimisch wäre - was wäre damit erreicht? Der Punkt, an dem sich kritische Theorie einst entzündete, als sich in Deutschland die erste Republik auflöste: das bemerkenswerte Faktum, daß die demokratische Verfassung einer bürgerlich-kapitalistischen Gesellschaft ein daseiender Widerspruch ist, weil sie einerseits Freiheit, Gleichheit, Gerechtigkeit auf ihre Fahnen geschrieben hat, andrerseits einem globalen Wirtschaftsgesetz zur Durchsetzung verhilft, das diese Begriffe auf seine sehr eigene Weise verwirklicht und Massenelend oder Raubbau an den materiellen Lebensgrundlagen durchaus mit ihnen zu vereinbaren weiß. Daß in diesem Widerstreit jene fatale Dynamik steckt, welche demokratische Verhältnisse nach Maßgabe von Wirtschaftskrisen zu autoritären tendieren läßt, war eine der zentralen Einsichten, von der die kritische Theorie in den 30er Jahren ausging. Habermas kehrt hinter sie zurück. "Identifikation mit den Verfassungsgrundsätzen einer demokratischen Republik"[35] fordert er, also Identifikation mit

35 Jürgen Habermas, Die neue Unübersichtlichkeit, Frankfurt 1985, S. 82

einem Antagonismus - und die soll Identität bescheren. Und was ist diese Identität, die er durch "vorbehaltlose Öffnung der Bundesrepublik gegenüber der politischen Kultur des Westens" oder "Bindung an den Westen" charakterisiert, anderes als die liberale Ausgabe jener "Natophilosophie", deren "deutsch-national eingefärbte" Version[36] ihm an seinen Kontrahenten aus gutem Grund so mißfällt?

Mit Recht hebt Habermas hervor, daß wir Deutschen nach Auschwitz "allein aus den besseren Traditionen unserer nicht unbesehen, sondern kritisch angeeigneten Geschichte schöpfen"[37] dürfen. Aus der Tradition aber, der er selbst in weiten Kreisen der Öffentlichkeit immer noch zugerechnet wird, hat er in der Historikerdebatte zumindest nicht geschöpft: der kritischen Theorie. Das wäre weiter nicht schlimm, hätte er sich nicht *eben deshalb* in die oben dargestellte Antinomie verwickelt. Bei Kant kam noch zuerst die Antinomie und dann der Versuch ihrer Auflösung. In der deutschen Vergangenheitsbewältigung geht es umgekehrt: Da wird zuerst der Weg zur Auflösung gewiesen, und die Antinomie kommt erst zur vollen Entfaltung, nachdem er ignoriert ist. So demonstrieren im neuen Streit um das Dritte Reich beide Seiten auf ihre Art, wie es hierzulande um den geistigen Fortschritt bestellt ist.

36 Jürgen Habermas, Eine Art Schadensabwicklung, S. 75 f.

37 Jürgen Habermas, Vom öffentlichen Gebrauch der Historie, S. 248

WIE MORALISCH IST UMWELTSCHUTZ?

Natürlich muß man verhindern, daß die Flüsse nur noch aus Abwasser bestehen, daß ganze Wälder zugrunde gehen, daß Luft und Boden verseucht werden und Beton die Landschaft verschandelt. Deshalb sind denn auch alle für Umweltschutz: Parteien, Gewerkschaften, Kirchen, Berufsverbände und wer sonst noch Rang und Namen hat. Und gerade diese Einmütigkeit ist verdächtig. Warum geschieht so wenig, wenn doch alle Verantwortlichen Umweltschutz wollen? Weil sie heucheln, oder weil sie es ehrlich meinen?

Um das herauszubekommen, macht man sich am besten einmal klar, woher der Begriff "Umwelt" eigentlich kommt. Er entstammt der Biologie und bezeichnet den beschränkten Lebenskreis, den ein Organismus gewöhnlich braucht, um sich und seine Art zu erhalten. Die Umwelt der Raupe ist das Kohlblatt, die des Rehs Wald und Feld, die des Nilpferds der Nil. Entsprechend müßte die Umwelt des hiesigen Durchschnittsmenschen neben Familie und Freunden vor allem Wohnung und Auto umfassen, Dienstweg und Arbeitsplatz, Kindergarten und Schule, das nächste Einkaufszentrum und die Stammkneipe, vielleicht noch den Turnverein und das bevorzugte Ausflugsziel. Doch so ist's nicht gemeint; an Bäume, Sümpfe oder Lurche ist gedacht, wenn von Umweltschutz die Rede ist, nicht daran, das Auto vor Beulen und die Wohnung vor Einbruch zu schützen.

Bestimmte alltägliche, lebensnotwendige Dinge werden unter dem Titel "Umwelt" von vornherein ausgeblendet, und gerade das Ausgeblendete zeigt, was es mit der Umwelt des Menschen für einen Haken hat: Die Wohnung wird nur warm durch Öl aus Arabien oder Gas aus Rußland, der Tee kommt aus Ceylon, Ikea aus Schweden, die Bananen kommen aus Guatemala und die Weihnachtsgänse aus Polen. Der beschränkte Lebenskreis des Normalmenschen, der kaum bis an den Horizont zu reichen scheint, erstreckt sich in Wahrheit in alle Kontinente und Gesellschaftssysteme hinein. Die Umwelt des Menschen ist nichts Geringeres als die *Ökumene,* was ursprünglich nicht der Name für einen kirchlichen Dachverband war, sondern für die Gesamtheit der von Menschen bewohnten Welt.

Erst in der Neuzeit ist diese bewohnte Welt zu einem zusammenhängenden Ganzen gemacht worden: durch den europäischen Kolonialismus, der im Zuge der planmäßigen Unterwerfung der sogenannten Dritten Welt ein Netz von Handel, Kultur und Ausbeutung um den gesamten Globus spann und die Menschen auf diese Weise schließlich zu Weltbürgern machte, indem er nämlich einen Weltmarkt schuf, von dem wir seither abhängig sind. Und während immer offenkundiger wird, daß es dieser erst in den letzten Jahrhunderten hergestellte Weltzusammenhang ist, der über kurz oder lang zusammenzubrechen droht, redet alle Welt von bedrohter *Um*welt. Nur eine kleine, belanglose Nachlässigkeit der Sprache?

Nein, es ist eine, an der sich studieren läßt, daß Menschen, die ihrer Sprache nicht mächtig sind, auch ihrer Lebensverhältnisse nicht mächtig werden. Wenn für ein globales Problem, für das einzig eine bestimmte menschliche Produktions- und Wirtschaftsweise verantwortlich ist, ausgerechnet ein Begriff zuständig gemacht wird, der ins Pflanzen- und Tierreich gehört, so steckt in solcher Wortwahl bereits ein Ablenkungsmanöver.

Damit nicht genug. Jeder nickt verständig, wenn von Umwelt die Rede ist, und jeder tut sich schwer, wenn er den Begriff präzisieren soll. Daß die von Menschen bearbeitete Natur nicht als Umwelt gilt, wurde schon gezeigt. Ist also die unbearbeitete Natur gemeint? Ja, aber nur teilweise. Öl und Gas etwa, obwohl zweifellos lebenswichtige Naturstoffe, zählen gemeinhin nicht zur Umwelt, sondern zu ihren Zerstörern. Man hat also erst einmal allerlei aus dem Begriff herauszudestillieren, ehe er so rein wird, wie der heutige Sprachgebrauch es verlangt. Dann ergibt sich etwa folgende Bedeutung: Umwelt ist ein Naturzusammenhang aus klarem Wasser, reichen Bodennährstoffen, vielfältigen Pflanzen und Tieren, der friedlich in ökologischem Gleichgewicht ruhte, bis die große Industrie ihn durcheinanderbrachte. Entsprechend kann Umweltschutz nur heißen: die menschliche Produktions- und Lebensweise so mäßigen, daß sich besagter Naturzusammenhang wiederherstellen und konservieren läßt.

In erster Linie geht es also um Maßhalteregeln: Hier ein paar gesetzliche Auflagen für die Industrie, dort ein paar Appelle an die Verbraucher, flankiert von finanziellen Anreizen - eine gesamtgesellschaftliche Diät sozusagen, damit der Gesellschaftskörper sich entschlackt und zu gesundem Stoffwechsel zurückkehrt. Auch wo sie Selbstdisziplin und Entbehrung erfordert, ist sie von keiner höheren moralischen Qualität als jede Brigitte-Diät, der man sich unterzieht, weil man nun einmal netter aussehen, sich wohler fühlen und alt werden will; aus Eigennutz also.

Daß jedoch gegen die Bedrohung der menschlichen Lebensgrundlagen eine Diät auf die Dauer nicht aufkommt, haben die Nachdenklichen im Lande längst gemerkt. Sie verlangen grundsätzliches Umdenken, eine radikale Wandlung im Verhältnis zur Natur. "Von der Umwelt zur Mitwelt" lautet die Parole, und die jüngst erschienene Erklärung der Kirchen zu diesem Thema erläutert, was damit gemeint ist: "Sorge um die Tier- und Pflanzenwelt sowie die anorganische Natur", die "nicht nur in ihrem unmittelbaren Nutzen für Leben und Gesundheit des Menschen zu erhalten" sei, "sondern auch in ihrem Artenreichtum und ihrer Schönheit."[1]

Kurzum, allenthalben wird eine neue ökologische Ethik gefordert. Ihre Prinzipien sind 1. Ehrfurcht vor dem Leben, 2. vorausschauende Gefahrenabschätzung und gewissenhafte Schaden-Nutzen-Abwägung bei menschlichen Eingriffen in die Natur. Das zweite dieser Prinzipien enthält überhaupt nichts Moralisches. Es verlangt eine Kosten-Nutzen-Kalkulation, wie sie ohnehin jeder Wirtschaftsbetrieb und jeder Politiker vornimmt - nur mit mehr Umsicht und Weitblick. Wie moralisch ist aber das erste Prinzip? Anscheinend sehr, denn mit der Ehrfurcht vor dem Leben ist nicht nur das menschliche gemeint; alles Leben soll als heilig geachtet werden.

Doch schon Albert Schweitzer, der diese Auffassung populär machte, hat es so ganz ernst damit offenbar nicht gemeint, wenn er in den Urwald nach Lambarene ging, um planmäßig das Leben von zahllosen Krankheitserregern zu vernichten. Als Arzt gab er dem menschlichen Leben den Vorrang, den er als Moralist leugnete. Human handelte er, indem er seiner Moral untreu wurde. Ehrfurcht vor dem Leben beim Wort nehmen bedeutet einerseits den sicheren Tod, kein Fleisch essen, nicht einmal Vegetarier sein. Ande-

1 Verantwortung wahrnehmen für die Schöpfung. Gemeinsame Erklärung des Rats der Evangelischen Kirche in Deutschland und der Deutschen Bischofskonferenz, Gütersloh 1985, S. 26

rerseits heißt es alles hinnehmen wie es ist: Auch das Vegetieren in Hunger und Elend ist Leben, also heilig. Schließlich bedeutet es blanken Egoismus, denn auch das eigene Leben soll heilig sein. So verunmöglicht diese Ethik, was sie selbst fordert und streicht sich eigens durch.

Dessen ungeachtet steht die Ehrfurcht vor dem Leben hoch im Kurs. Größere Gemeinsamkeit der Menschen mit allen anderen Lebewesen wird gefordert, als hätte die menschliche Geschichte zu wenig davon gehabt, als hätten die Menschen sich gegenseitig und ihre Umgebung *nicht* animalisch behandelt, als hätten sie gegen die Natur, die menschliche wie die außermenschliche, nicht Mittel gewandt, die sie der Natur abgeguckt hatten: jenes mitleidlose, unbeweinte Fressen und Gefressenwerden zum Beispiel, das heute, solange es nur stabil bleibt und genug zum Fressen da ist, mit dem schönen Titel des ökologischen Gleichgewichts geadelt wird.

Das blinde Sich-Fortwälzen der Natur über die Leichen ihrer Kinder, das keineswegs so friedlich ist, wie die Verfechter des ökologischen Gleichgewichts es gern hätten, war für die Alten einmal der Inbegriff des mythischen Grauens. Ethik sollte die Menschen diesem Grauen entreißen. Daß das nie recht gelang, liegt nicht daran, daß sie zu wenig naturverbunden waren; sie waren es allzu sehr. In der Herrschaft von wenigen über viele, von Freien über Sklaven, Frauen und Kinder setzt sich Naturgewalt fort; in Kriegen und Gemetzel nimmt sie ein Ausmaß an, das die vernunftlose Kreatur nicht erreicht, und stets war dabei die Gewalt gegen Menschen mit Gewalt gegen die übrige Natur gepaart. Die Mißhandlung der Kreatur ist nur die Kehrseite der Naturverfallenheit der menschlichen Gesellschaft.

Diese Naturverfallenheit hat der Begriff "Umwelt" sorgsam ausgeklammert. Daß im Dschungel eines weltweiten Konkurrenzkampfs, den die einzelnen ebenso um ihren Arbeitsplatz wie die Wirtschaftsunternehmen um ihre Selbstbehauptung führen müssen, der Überlebenskampf der Naturvölker im Urwald fröhliche Urständ feiert; daß die Gesetze des Weltmarkts wie Naturgesetze über alles, was ihnen unterworfen ist, blind und gnadenlos hinweggehen; daß sie es sind, die Wasserverseuchung, Luftverpestung, Tierausrottung ebenso zu einer wirtschaftlichen Notwendigkeit werden ließen wie die regelmäßige Wiederkehr von Absatzkrisen, Massenarbeitslosigkeit und Hungerkatastrophen; daß es also ein von Menschen gemachtes Naturverhängnis ist, das die Lebensgrundlagen der Menschen bedroht - von alledem hört man in der Umweltdiskussion gewöhnlich nichts.

Statt dessen die Klage, die Menschen stünden im Begriff, die Natur zu zerstören, während sie doch im Begriff stehen, ihr vollends zu verfallen, indem sie nämlich sich selbst auslöschen und dabei zwischen Meerwasser, Kraterlandschaft und vielleicht noch Amöben ein natürliches Gleichgewicht herstellen, vor dem es auch Ökologen nur schaudern kann. Statt dessen die Klage, Industrie und Technik seien die eigentliche Bedrohung, während doch jeder wissen könnte, daß es kein technisches Problem ist, zu verhindern, daß Öl ins Meer fließt, Autos Abgase ausstoßen und Menschen am Fließband ruiniert werden, sondern allein ein ökonomisches. Die Konkurrenz zwingt zur kostengünstigsten Kalkulation, in der Rohstoffe, Tiere, Arbeitskräfte und Käufer lediglich Nummern sind. Sie nötigt zum ständigen Verschleiß von Dingen und Lebewesen, um die Produktionsmaschinerie aufrechtzuerhalten, die nicht laufen kann, ohne sich ständig weiter aufzublähen, aber alle Kreatur mit dem Tode bedroht, sobald sie am Laufen gehindert wird oder selbst ins Stocken gerät. Ein Kapitalismus ohne Plusmacherei ist wie ein Katholizismus ohne Papst.

Es ist, als stünden in der Umweltdebatte die Dinge kopf. Während in der menschlichen Zivilisation blinde Naturgewalt triumphiert, ruft man nach Wiederherstellung natürlicher Verhältnisse. Während Moral einst das ökologische Gleichgewicht von Fressen und Gefressenwerden beenden wollte, wird ökologisches Gleichgewicht neuerdings zum obersten Begriff der Moral. Ihr höchster Wert ist das nackte Leben in seiner allgemeinsten Form: als Stoffwechsel oder reines Vegetieren. Und ihre Leistung besteht darin, dies Vegetieren unter dem Titel "Umwelt" zur Idylle eines friedlich-harmonischen Naturkreislaufs zu stilisieren.

Die Moral des Umweltschutzes ist mit dem Weltlauf im Grunde einverstanden. Das einzige, was sie wirklich fürchtet, ist, daß es *nicht* so weitergehen könnte wie bisher: mit Wirtschaftskrisen, Kriegen und all dem, was die Gesellschaft sonst noch beschert. Es soll aber weitergehen. Umweltschutz ist Durchhaltewille. Das neue Verhältnis zur Natur, das er für sich in Anspruch nimmt, könnte sich erst herausbilden, wenn ernstlich etwas gegen die Naturverfallenheit der menschlichen Gesellschaft unternommen würde. Doch die wird nicht einmal thematisiert; so sehr hat das herrschende Umweltschutz-Bewußtsein an ihr teil. Es ist Echo eines Naturzwangs, den es brechen müßte, um zur Humanisierung der Natur zu führen. Solange die neue Naturverbundenheit der mit Recht besorgten Zeitgenossen jedoch das Naturverhängnis über der Gesellschaft ignoriert, unterscheidet sie sich nicht prinzipiell von dem alten Spruch: Seit ich die Menschen kenne, liebe ich die Tiere. Und daß sich die Liebe zu Schäferhunden mit Völkermord durchaus vereinbaren läßt, hat die Geschichte gezeigt.

Ehrfurcht vor dem Leben

I

Wer die Öffentlichkeit davon überzeugen will, daß Atombomben nicht nur abschreckend, sondern auch mörderisch sind, daß die Zerstörung von Wäldern und Gewässern nicht nur unwirtschaftlich, sondern auch unmoralisch ist, Schwangerschaftsabbruch nie das kleinere Übel, sondern stets verwerflich - der braucht einen durchschlagenden ethischen Grundsatz. Ebenso einfach wie umfassend, ebenso klar wie tief muß er sein, wenn er jedem einleuchten soll. Die Suche nach einem solchen hat unversehens eine Art Einheitsfront im Ethisch-Grundsätzlichen entstehen lassen, in die sich täglich neue Kämpfer einreihen. Bei Öko- und Theologen, Friedensfreunden innerhalb und außerhalb der Nato, von Lafontaine bis Geißler, von Sölle bis Wojtila wird einmütig dieselbe ethische Maxime reklamiert: Ehrfurcht vor dem Leben.

Ihr Erfinder ist der Inbegriff dessen, was man moralisch glaubwürdig nennt: der berühmte Albert Schweitzer, hochgebildeter Theologe, Philosoph und Musiker, der auf die glanzvolle akademische Karriere verzichtete, die ihm winkte, sich vielmehr nochmals auf die Schulbank setzte und Medizin studierte, weil er den Afrikanern mit ärztlicher Hilfe ein wenig Wiedergutmachung für das leisten wollte, was Weiße ihnen unter der Überschrift Christentum oder Kultur angetan hatten, der aber auch als Urwaldarzt seine musikalische, wissenschaftliche und ermahnende Tätigkeit nicht aufgab, sich unablässig gegen Aufrüstung und Krieg aussprach und als vorbildlicher Künder und Spender der sogenannten reinen Menschlichkeit jenseits aller politischen Ideologie schließlich gar nicht umhin konnte, mit dem Friedensnobelpreis ausgezeichnet zu werden.

"Durch die Ethik der Ehrfurcht vor dem Leben gelangen wir in ein geistiges Verhältnis zum Universum" und empfangen "die Fähigkeit, eine geistige, ethische Kultur zu schaffen, durch die wir in einer höheren Weise als der bisherigen in der Welt daheim sind und in ihr wirken. Durch die Ethik der Ehrfurcht vor dem Leben werden wir andere Menschen"[1]. Was ist's, das diese Botschaft heute in den unterschiedlichsten Ohren wie Musik klingen läßt? War ihr Ausgangspunkt doch eine eher nüchterne Feststellung: "Ich bin Leben, das leben will, inmitten von Leben, das leben will."[2] Das ist zunächst nichts als die Umschreibung des unreglementierten Naturzustands, des Kampfs aller gegen alle: Weil alle Kreatur leben will, muß jede um ihr Leben kämpfen. Schweitzer jedoch will das Gegenteil damit ausdrücken: die Pflicht des Menschen, "allem Willen zum Leben die gleiche Ehrfucht vor dem Leben entgegenzubringen".[3] "Ethisch ist er nur, wenn ihm das Leben als solches heilig ist, das der Menschen und das aller Kreatur."[4]

Wie? Der Regenwurm, die Stechfliege, die Tuberkel sind ebenso heilig wie der Mensch? Das ist in der Tat die Konsequenz, und wohin sie führt, ist Schweitzer keineswegs ganz verborgen geblieben: Wir alle sind "dem rätselhaften und grausigen Schicksal unterworfen, in die Lage zu kommen, unser Leben nur auf Kosten andern Lebens erhalten zu können und durch Schädigen, ja auch durch Vernichtung von

1 Albert Schweitzer, Die Ehrfurcht vor dem Leben, München 1982, 3. Aufl., S. 21

2 A. a. O., S. 21

3 A. a. O., S. 21

4 A. a. O., S. 22

Leben, fort und fort schuldig zu werden."[5] "Du gehst auf einem Waldpfad; die Sonne scheint in hellen Flecken durch die Wipfel hindurch; die Vögel singen; tausend Insekten summen froh in der Luft. Aber dein Weg, ohne daß du etwas dafür kannst, ist Tod. Da quält sich eine Ameise, die du zertreten, dort ein Käferchen, das du zerquetscht, dort windet sich ein Wurm, über den dein Fuß gegangen."[6]

Die Ehrfurcht vor dem Leben lehnt sich dagegen auf. "Als ethische Wesen versuchen wir fort und fort, dieser Notwendigkeit, soweit es uns möglich ist, zu entrinnen. Wir dürsten danach, Humanität bewahren zu dürfen und Erlösung von Leiden bringen zu können."[7] Einzig dem Menschen ist solcher Durst beschieden. "Er darf zur Erkenntnis der Ehrfurcht vor dem Leben gelangen" und "aus der Unwissenheit heraustreten, in der die übrige Kreatur schmachtet."[8] "Die in dem denkend gewordenen Willen zum Leben entstehende Ehrfurcht vor dem Leben enthält also Lebensbejahung und Ethik miteinander und ineinander."[9] Und spätestens an dieser Stelle haben Schweitzers so wunderbar einfach und anschaulich formulierte Gedanken sich miteinander und ineinander verheddert. Die Ethik soll von dem "grausigen Schicksal" befreien, sich "nur auf Kosten andern Lebens erhalten zu können", indem sie ausgerechnet *das* Leben bejaht, das unter eben diesem Schicksal steht? Sie soll Ehrfurcht vor *dem* Leben einflößen, gegen dessen Grausamkeit sie sich wehrt?

Nichts ist konkreter als das Leben, und nichts abstrakter als sein allgemeiner Begriff. Solange er nicht präzisiert

5 A. a. O., S. 22
6 A. a. O., S. 35
7 A. a. O., S. 22
8 A. a. O., S. 34
9 A. a. O., S. 22

wird, bedeutet auch Lebensbejahung alles mögliche. Ausgiebiger Genuß von Wein, Weib und Gesang fällt ebenso darunter wie aufopferungsvoller Krankenhausdienst. Beide sind übrigens auch Lebensverneinung: Die Alkoholika greifen die Leber an, die Nachtwachen den Kreislauf. "Hingebung an Leben"[10] heißt überhaupt nichts, solange man nicht weiß, an was für eines, und genau das will Schweitzer nicht sagen. "Leben als solches" soll heilig sein. Das klingt wie äußerste Radikalisierung der Ethik, ist aber ihre Liquidierung. Wo alles heilig ist, ist nichts mehr heilig, und die ethische Maxime schlägt auf ihren Urheber zurück. Wer nach Lambarene fährt, um systematisch Krankheitserreger zu töten, kann es mit der Ehrfurcht vor *allem* Leben so ernst nicht gemeint haben.

Der Hauptfeind dieser Ethik ist nicht die Unachtsamkeit, mit der auch der Achtsamste mal einen Käfer oder Wurm zertritt; ihr wahrer Feind ist sie selbst. Sie ist Anstifter zum vorsätzlichen Massenmord an Schlafkrankheitskörperchen, Pockenviren, Krebszellen etc. - und streicht sich damit selbst durch. Ebenso wie die Rettung eines jeden Menschen verlangt sie, keinem einzigen Bazillus zu Leibe zu rücken, kein Fleisch zu essen, nicht einmal Vegetarier zu sein - und verunmöglicht so, was sie fordert. Ihre Befolgung wäre eine Art Quadratur des Kreises, die selbst ihr Erfinder nicht ernstlich versuchte. Auch für ihn war das zu rettende Leben in erster Linie das menschliche. Schweitzers humane Leistungen sind die vorbildliche Denunziation seiner Ethik.

10 A. a. O., S. 38

II

Leben an sich, ohne jede weitere Bestimmung, ist das, was die Menschen mit allen Tieren und Pflanzen gemeinsam haben: Stoffwechsel, bewußtloses Vegetieren. Das Leben und Weben der Natur ist ein ständiges Entstehen und Vergehen, Erzeugen und Vernichten, ein Prozeß, der sich blind über die Leichen all dessen fortwälzt, was er hervorgebracht hat. Mutter Natur ernährt ihre Kinder genauso ungerührt, wie sie sie frißt. Trauern darüber kann nur, wer mehr ist als blinde Natur: der Mensch, dem vor dieser Blindheit graut, weil er sie erkennt. Sobald einmal Geist in der Welt ist, ist ein Unterschied zwischen gutem und bösem Leben gesetzt, der die tränenlose Gleich-Gültigkeit allen Lebens nicht länger gelten läßt. Geist ist über die Bewußtlosigkeit hinausgewachsenes Leben. In ihm steckt die Möglichkeit, das blinde Grauen von der Natur zu nehmen, ihr Frieden zu geben, den sie sich selbst zu verschaffen nicht in der Lage ist. Die Versöhnung der Natur ist eine *Idee*; sie kommt nirgends vor als im menschlichen Geist. Nicht von ungefähr hat sie sich einst in der Vorstellung eines Gartens ausgedrückt. Im Garten Eden ist die Natur ganz sie selbst - durch etwas anderes als sie selbst: den sie in Einklang setzenden, sie beim Namen nennenden, sie verklärenden Geist.

Auf die Versöhnung der Natur hinarbeiten kann der Geist freilich nur, sofern er seine qualitative Differenz zur Natur zur Geltung bringt. Als dies qualitativ Andere jedoch ist er ohnmächtig geblieben, wieviel Macht ihm im Lauf seiner Entwicklung auch zuwuchs. Seit seinen historischen Anfängen, seit er sich in der Organisation einer menschlichen Gesellschaft objektiviert und vom bloßen Naturprozeß abhebt, hat er diesen Prozeß auch fortgesetzt und ist aus dem

Bann der Natur, dessen Brechung er verheißt, nie wirklich hinausgetreten. Die Kultivierung der Natur ging einher mit ihrer brutalen Unterwerfung, und die Vernunft, die beides bis zur Ununterscheidbarkeit zu vereinen wußte, ist ebenso hoch entwickelt wie animalisch geblieben. Als naturbeherrschende ist sie auch Wurmfortsatz der Natur. Die Unterjochung der Kreatur hat die Menschheit nicht von ihrem selbstgemachten Joch befreit. Die Menschen sind nicht die Souveräne, sondern bloß die unterschiedlich dotierten Büttel der von ihnen eingerichteten Welt und gehorchen ökonomischen Gesetzen, die als Auf- und Abschwung, als Wohlstand, Arbeitslosigkeit, Hunger und Krieg wie Naturgesetze über alles Lebendige hinweggehen.

Der Sieg des menschlichen Geistes über die Natur ist ein Sieg der Natur im Geist. Wird das verkannt und das animalische Unwesen der Vernunft als ihr eigenstes Wesen mißdeutet, so scheint nur noch eines Abhilfe zu schaffen: der Abschied von der Vernunft. Und schon ist der irrationale Boden bereitet für alles, was heute als besonders ehrfürchtig vor dem Leben gilt. Da ruft man nach Abkehr von Anthropomorphismus, als sei die erbarmungslose Unterwerfung der Tierwelt je mit übermäßiger Achtung der Menschenwürde verknüpft gewesen. Da fordert man intakte Naturkreisläufe, als könne diese Intaktheit etwas anderes sein als der von jedem Bewußtsein unbehelligte Ablauf des Naturprozesses, den aus seinem blinden, gnadenlosen Takt zu bringen gerade die Humanität des Geistes ausmacht.

Daß die Menschen ständig in die Natur eingreifen und zwischen besserem und schlechterem Leben unterscheiden, ist für ihr eigenes Leben unumgänglich und an sich noch nichts Schlimmes; anders ist Humanisierung der Natur nicht möglich. Sie verlangt strikte Unversöhnlichkeit gegen das

Leben, das mit der Idee der Versöhnung der Natur auf keine Weise in Einklang zu bringen ist. Bestimmte Bazillen und Viren müssen ausgerottet werden, solange ihr Leben darin besteht, das der Menschen zu bedrohen. Es gibt lebensunwertes Leben - auch wenn dieser Begriff für immer gebrandmarkt ist durch die Perfidie, mit der die Nazis ihn einsetzten: statt zur Humanisierung der Natur zur Vertierung der Menschen.

Der Zwiespalt, daß Menschen nicht nur um der Selbsterhaltung, sondern sogar um der Versöhnung willen Leben vernichten müssen, ist nicht wiederum durch Menschen aufhebbar. Der menschliche Geist findet sich stets schon unter Naturgesetzen vor, die er nicht geschaffen hat. Er lebt nicht im Garten Eden. Er kann nichts daran ändern, daß Stechfliegen stechen und Tuberkeln Lungen ruinieren, sowenig wie er den Leib, dem er angehört, von der Vergänglichkeit zu befreien vermag. Nur ein göttliches Subjekt könnte die Natur so umschaffen, daß sie mit Geist ganz übereinkäme. Der biblische Gedanke der Neuschöpfung der Welt aus einer sündigen in eine erlöste ist daher die zu Ende gedachte Humanisierung der Natur.

Statt die Natur zu durchgeistigen, steht der menschliche Geist gegenwärtig allerdings in der Gefahr, sich selbst auszulöschen und die Menschengeschichte zu einem Seitensprung der Naturgeschichte zu degradieren, von dem die Natur reumütig in sich zurückkehrt. Die Anzeichen solcher Reue sind längst überdeutlich - am besten zu studieren an den Protagonisten der Hochrüstung und ihrem weltweiten Gefolge. Aber die Reue der Natur geht auch in denjenigen um, die gegen die atomare Bedrohung nichts anderes aufbieten als eine Ehrfurcht, der alles Leben einerlei ist: gleich heilig, gleich gültig. Wo Leben an sich, das bloße Vegetieren also, zum höchsten Wert erklärt wird, da *ist* die Menschengeschichte bereits zurückgenommen, auch wenn sie noch andauert, da regt sich jene Sehnsucht nach Rückkehr in den Schoß der Natur, die auch die Rüstungsspirale in die Höhe treiben hilft. Die Extreme berühren sich. Die neue ethische Einheitsfront, die sich um das Leben als solches formiert, ist Scheinopposition, denn sie leistet gerade dem Vorschub, wogegen sie sich zu richten meint: einem von Menschen vollstreckten Naturverhängnis.

Sexus und Geist

Philosophische Dimension des Geschlechterkampfs

Das Vernunftvermögen, welches die Menschen von den Tieren unterscheidet, kommt zweifellos sowohl Männern als auch Frauen zu. Ob jedoch beide Geschlechter auch in gleicher Weise daran teilhaben, ist damit noch nicht entschieden. "Grad und Art der Geschlechtlichkeit eines Menschen reicht bis in den letzten Gipfel seines Geistes hinauf", sagt Nietzsche[1] und scheint uns vor eine heikle Alternative zu stellen. Entweder die Vernunft ist durch und durch geschlechtsbestimmt; dann ist sie stets nur männlich oder weiblich, aber nie allgemeingültig. Oder sie ist allgemeingültig; dann ist das Geschlecht eines Menschen belanglos dafür, was und wie er denkt. Daß diese Alternative schief und die falsche Konsequenz aus Nietzsches Diktum ist, soll gezeigt werden.

I

Zu Freuds großen Einsichten gehört, daß die sogenannten sexuellen Abirrungen, über die sich der honorige Bürger entrüstet, bloß um eine Nuance vom für normal gehaltenen Sexualleben abweichen und allesamt darin angelegt sind.[2] Sie beweisen, daß der menschliche Geschlechtstrieb von Natur aus nicht eindeutig fixiert ist. Die besondere Ausprä-

1 Friedrich Nietzsche, Jenseits von Gut und Böse, Werke (ed. Schlechta) Bd. IV, München 1980, S. 626

2 Sigmund Freud, Drei Abhandlungen zur Sexualtheorie, Studienausgabe Bd. V, Frankfurt 1972, S. 37 ff.

gung, die er jeweils bekommt, hängt von den Erfahrungen der heranwachsenden Individuen ab und ist selbst bereits eine kulturelle Leistung. Einer diffusen Triebnatur entspricht ein sexuell völlig ungeregeltes Zusammenleben, und als ein solches müssen wir uns folglich den Naturzustand denken, aus dem die menschliche Spezies sich durch Triebverzicht erhoben hat. Triebe pflegen sich nicht selbst einzuschränken. Wo Triebverzicht herrscht, da ist bereits die Instanz am Werk, die die Menschen befähigt, Natur zu bearbeiten, und zwar die äußere Natur in der Herstellung von Lebensmitteln, die innere durch Aufrichtung von Tabus. Diese Instanz ist der Geist. So schwach er anfangs auch gewesen sein mag - er ragt dennoch über die Natur hinaus und läßt sich aus ihr nicht logisch herleiten. Ein zureichender Grund für die ersten Tabus wird sich daher nie finden.[3] Wo sie aber in Kraft sind und den Geschlechtsverkehr mit bestimmten Personen verbieten, da ist man zu der Erkenntnis gezwungen, wie man mit wem verwandt ist, und dafür gibt es nur einen eindeutigen Orientierungspunkt: die Mütter; denn wer wessen Vater ist, ist zunächst einmal höchst unsicher, der Zusammenhang von Zeugung und Geburt anfangs wohl unbekannt. Als aus Naturhorden mit regellosem Geschlechtsverkehr sich menschliche Sippen mit geregelten Abstammungsverhältnissen bildeten, war es also unzweifelhaft das weibliche Geschlecht, das deren Zusammenhalt bewirkte, wie sich auch an der natürlichen Zuständigkeit der

3 Was Freud selbst als Grund angibt, ist zum einen ein Mythos, zum andern vom Begründeten nicht unterschieden. Die Gefühlsambivalenz, die er im Tabu ausgedrückt sieht, soll Resultat des Urvatermords sein, ist aber auch das, was zu ihm führt; vgl. Freud, Totem und Tabu, Studienausgabe Bd. IX, Frankfurt 1974, S. 424 ff.

Frauen für die Ernährung der Kinder zunächst die Arbeitsteilung ausrichtete.

Wer aber den Zusammenhalt der Sippe stiftet, der ist geradezu prädestiniert, auch den Sinn des Lebens zu stiften, sobald man beginnt, auf einen solchen zu reflektieren. Ist nicht die Mutter als die Gebärende der fruchtbaren Erde gleich und die Erde die Urmutter allen Lebens? Wir wissen nicht, wann diese Überlegung erstmals angestellt wurde; sicher nicht in der frühsten Phase, denn sie setzt ein Bewußtsein voraus, das immerhin schon ein geordnetes Ganzes in der Sippe erkennt und die Realität nicht mehr als eine diffuse Vielzahl drohender Naturmächte und Dämonen ansieht, sondern für die Mannigfaltigkeit der organischen Natur bereits einen einheitlichen Grund anzuführen vermag. Wo die weibliche Ahnenreihe - und eine andere gab es zunächst nicht - auf eine Urmutter allen Lebens zurückgeführt wird, da ist eine vage Ahnung von Kausalität und Einheit der Natur vorhanden. Freilich ist diese Ahnung dunkel im wörtlichsten Sinn. Sie heiligt den Sumpf oder die Erde als Schoß und Grab allen Lebens, als das geheimnisvolle Dunkel, woraus es hervorgeht und worin es wieder verschwindet. Der erste Begriff vom Prinzip allen Lebens ist der des Mysteriums, vorgestellt als die alles gebärende und wieder verschlingende Dunkelheit. Ihr Repräsentant ist das weibliche Geschlecht, dem damit die Aufgabe zuwächst, alles was ans Licht kommt, mit seinem dunklen Ursprung und Ende zu versöhnen. Das geht nicht ohne ein weibliches Priestertum, dem die Nacht heilig ist als Zeit des Kults und der Mond als das Gestirn, das die Nacht bescheint und der Menstruation das Zeitmaß gibt. Ein solcher um Frauen zentrierter Kult, der "keinem bestimmten Volke, sondern einer Kulturstufe angehört"[4], hatte offenbar in der Mittleren Steinzeit weiteste Verbreitung - nirgends freilich monotheistische Ausschließlichkeit. Sein Begriff vom Prinzip des Lebens ist noch viel zu trübe, um gegen die Existenz weiterer Gottheiten empfindlich zu sein, und daß er weiblich gedacht wird, tut der Verehrung männlicher Nebengötter keinen Abbruch.

Die Vorliebe mütterzentrierter Volksstämme für das Dunkel von Erde und Nacht ist nicht einfach identisch mit Dumpfheit und Geistesschwäche. Der kleinasiatische Kybele-Demeter-Kult etwa, der auf der Grundlage des Ackerbaus stand, beweist vielmehr, daß die Verehrung der Erde als oberster Göttin durchaus in Verhältnisse hineinragen kann, wo sich Arbeitsteilung, Verwandtschaftsverhältnisse und Naturerkenntnis so weit differenziert haben, daß man in der Lage ist, mit Hilfe von Pflug und gezähmten Tieren planmäßig Feldfrüchte anzubauen. Gerade darin aber steckt ein Widerspruch. In der Urmutter Erde wird der Inbegriff des Lebens als weibliches Subjekt verehrt. Der Inbegriff des Lebens ist jedoch Inbegriff von Subjekt*losigkeit* bloße Stoffwechsel, blindes Vegetieren. Subjekte sind die Menschen hingegen einzig durch den Geist, der sich übers Vegetieren der Pflanzen und Tiere hinaushebt. Solange sie das Gebären, eine Natureigenschaft des weiblichen Geschlechts, als höchstes Prinzip und tiefstes Mysterium verehren, haben sie sich selbst als über die Natur hinausragende Geistwesen noch nicht begriffen. Und umgekehrt: Wo ihnen die prinzipielle Differenz von Geist und Natur dämmert, da muß sich auch der Widerstand dagegen regen, der Urmutter Erde als Schoß und Grab allen Lebens die höchste Ehrerbietung ent-

4 Vgl. Johann Jakob Bachofen, Das Mutterrecht, Auswahl, hg. v. Hans Jürgen Heinrichs, Frankfurt 1980, S. 1

gegenzubringen und das weibliche Geschlecht als Repräsentanten des Heiligsten zu achten.

Die herkömmliche Rolle der Frau als Stammhalterin und Mittlerin des Naturmysteriums ist in Frage gestellt, sobald die Selbstentdeckung des menschlichen Geistes beginnt und mit ihr die Ahnung, daß die Menschen zu Höherem bestimmt sind als bloßem Stoffwechsel. Diese Ahnung stand prinzipiell beiden Geschlechtern offen; beide haben Vernunftvermögen. Nicht ausgeschlossen daher, daß sie zunächst auch bei beiden gemeinsam und einvernehmlich zu keimen begann. Ebenso jedoch bringt sie ein brisantes Konfliktpotential ins Geschlechterverhältnis. Allzu leicht kann das Bedürfnis, der Allmacht blinder Natur zu entrinnen, zur Aggression gegen das weibliche Geschlecht werden, das ja eben diese Natur innerhalb der menschlichen Gesellschaft repräsentiert, so daß das Verlangen nach Erhebung des Geistes über die Natur, noch längst ehe es begriffliche Klarheit über sich hat, sich im Verlangen nach Unterwerfung der Frauen Ausdruck verschafft. So ist es denn auch gekommen. Die aggressive Energie, die das Dämmern des Selbstbewußtseins beim männlichen Geschlecht gegen das weibliche erzeugte, hat sich als Motor brachialer Gewalt ebenso wie als Motor der Selbstentfaltung des Geistes historisch durchgesetzt. Was dabei den Ausschlag gab, ob die Frauen zu sehr an ihrer hohl gewordenen Autoritätsstellung klebten, ob ihr Autoritätsschwund den Männern die Hemmung nahm, ihre Überlegenheit an Körperkraft oder in Waffenkunde rücksichtslos auszunutzen oder ob noch ganz andere Dinge im Spiel waren, werden wir ebensowenig erfahren wie den genauen Verlauf, den die Eskalation nahm. Nur daß sie stattgefunden hat, ist sicher - und natürlich ihr Ausgang. Waren einst die Frauen als die eigentlichen Gattungswesen angesehen, die die Kontinuität der Generationen herstellten und in ihren Kindern fortlebten, während Männern nur ein persönliches Dasein zukam, das mit dem Tode rasch in Vergessenheit geriet, so kehrt sich das Verhältnis nun um. Aus dem Beisassen am Herd der Frau wird der Besitzer der Frau, dem sie seinen Herd hüten und seine Erben gebären soll, aus der Verehrung der Frau als Mittlerin des Naturmysteriums wird ihre *Versachlichung*, und zwar in doppeltem Sinn: zum einen als aufklärerische Entmystifizierung ihrer Gebäreigenschaften, zum andern als ihre Herabsetzung zu einer bloßen Sache, die ohne eigenes Recht und eigenen Willen männlicher Botmäßigkeit unterstehen soll. Als das eigentliche Gattungswesen gilt nun der Mann, und es scheint zudem, als habe die Natur selbst ihm diese Stellung zugewiesen. Daß das männliche Geschlecht am Fortpflanzungsprozeß weniger beteiligt ist, läßt sich schlechterdings nicht leugnen. Es steht nicht einmal in unmittelbar sichtbarem Zusammenhang mit dem Gebären und ist als das Nachwuchs erweckende Element ungleich abstrakter als das, was es erweckt. Im Vergleich zur Frucht, die es entstehen läßt, ist es ein nahezu Unstoffliches, dessen Affinität zum Geistigen auf der Hand zu liegen und den Mann als wahren Repräsentanten der geistbegabten Spezies auszuweisen scheint. Dieser unerhört plausible Schein gehört zu den Stützpfeilern des Patriarchats. Er machte es möglich, die Erinnerung daran, daß erst ein langwieriger Kampf die Männerherrschaft etabliert hat, weitgehend auszulöschen und die Ergebnisse dieses Kampfs für höhere Naturnotwendigkeit auszugeben, was immerhin so gründlich gelang, daß es erst der Pionierarbeit eines Bachofen bedurfte, um die Mythen, die vom Sieg eines Bellerophon, Theseus, Herakles gegen archaische weibliche Ungeheuer und wilde Amazonenscharen erzählen, überhaupt ernst zu nehmen - zwar nicht als historische Berichte, wohl aber als phantastisches Echo auf einen wirklichen epochalen Geschlechterkampf von größter Tragweite für die weitere Menschheitsentwicklung.

Den Bewußtseinsprozeß, der im Zuge dieses Kampfes durchlaufen wurde, stellt die Mythologie als einen Aufstieg vom dunklen Reich der Erde zum Licht des Himmels dar. Daß das gebärende Element selbst der Befruchtung bedarf und die Erde ohne Bewässerung und Sonneneinstrahlung ebensowenig Vegetation hervorbringt wie eine Frau ohne männliche Beihilfe Kinder, ist sicherlich recht früh erkannt worden, macht aber noch kein Patriarchat. Wo jedoch Wasser und Licht aufhören, als subalterne Gehilfen der Erde zu gelten, die in dieser Quelle oder in jenem Gestirn beschränkte Verehrung genießen, wo sie vielmehr als allgemeine Elemente göttliche Qualität gewinnen und in einen höheren Rang aufsteigen als die Erde, weil sie flüchtiger und unstofflicher sind als sie, da ist die "Losmachung des Geistes von den Erscheinungen der Natur"[5] und mit ihr der Geschlechterkampf in vollem Gange. Zwar sind die Götter des Wassers, des Lichts, des Himmels, die etwa in Gestalt eines Poseidon, Apoll, Zeus die Herrschaft antreten, selber noch Naturgottheiten, doch repräsentieren sie eine weitgehend entmaterialisierte Natur, worin sich ankündigt, was wirklich immateriell ist: der Geist. Noch ist er zu sehr in die Sinnenwelt vertieft, als daß er sich schon rein begrifflichen Ausdruck geben könnte. Die Mythologie kleidet ihn in sinnliche Hülle, und die ist männlicher Gestalt. Zeus, der Göttervater, unterwirft alle partikularen Naturmächte, die irgendwie mit der Erde im Bunde sind, seinem himmlischen Regiment. Aus den alten Muttergottheiten wie Hera, Demeter,

5 Johann Jakob Bachofen, a. a. O., S. 48

Artemis oder Aphrodite werden Abkömmlinge göttlicher Väter, und sofern Göttinnen auch weiterhin für Geistiges stehen, so tun sie das stets nur als Abglanz von Göttern: Athene, die Göttin der Weisheit, ist Kreatur des Zeus, die er selbst aus seinem Haupte gebiert, Dike, die Personifizierung des Rechts, ist seine Tochter.[6] Die Tendenz ist eindeutig: Die Gewinnung des Selbstbewußtseins ist mit der Gewinnung der Männerherrschaft ineins gesetzt, beide werden gemeinsam als Aufstieg von der dunklen Sphäre des Erdstoffs in die durchsichtige von Luft und Licht gefeiert. Dennoch läßt die Mythologie keinen Zweifel daran, daß dieser Sieg nicht wirklich gelungen ist, daß die von den Olympiern unterworfenen Mächte der Vorzeit in ihren unterirdischen Verliesen unbefriedet weiter rumoren und auch das weibliche Geschlecht sich keineswegs so zum recht- und willenlosen Objekt hat versachlichen lassen, wie die Erhebung des Geistes über die Natur das zu erfordern schien. Phantasiegestalten wie Hesiods Göttin Echidna gestehen das ein: "Zur Hälfte ein Mädchen / Mit geschwungenen Augen und schönen Wangen, / Zur andern Hälfte aber ein Ungeheuer, / Eine Schlange furchtbar und riesig, / sich windend, wild, in den Tiefen der heiligen Erde."[7] Das sind die beiden Grundtypen des Weiblichen, die das Patriarchat produziert und die Mythologie vielfältig ineinanderspielen läßt: der sanft-züchtig-anmutige Typus, der männlichem Willen ganz gefügig ist, und der unzüchtig-widerspenstige, dessen lockende und drohende Naturgewalt der patriarchale Geist in jeder Frau fürchten muß, nachdem er das weibliche Geschlecht erst

6 Vgl. Hesiod, Theogonie 887 ff.

7 Hesiod, Theogonie 297 ff.. In: ders., Sämtliche Gedichte, hg. v. Walter Marg, Zürich 1984, S. 43

einmal auf die Seite gewaltsam zu bändigender Natur geschlagen hat.

II

Längst ehe der menschliche Geist seine sinnliche Hülle abstreift und fähig wird, sich selbst in reinen Begriffen zu fassen, hat sich die epochale Einsicht, daß es eben dieser von der Natur unterschiedene Geist ist, der die Menschen zu Subjekten macht, mit einem falschen Umkehrschluß verschmolzen: Weil das Gebären Natureigenschaft ist und nicht Inbegriff menschlicher Subjektivität, gehört der gebärende Teil der Menschheit auch nicht ernstlich zu den Subjekten. Dieser Fehler ist eine der großen Hypotheken, die dem menschlichen Geist dazu verholfen haben, sich der Natur bewußt als eine eigene Sphäre entgegenzusetzen - und belastet von nun an seine Selbstentfaltung, die nicht zuletzt darin besteht, ihre eigenen Hypotheken zunehmend unkenntlicher zu machen. Die Mythologie plaudert noch einiges aus. Hesiods Theogonie etwa nennt als älteste Gottheit die Erde und läßt etwas von der Härte des Kampfs erahnen, der zu ihrer Entthronung und zum Sieg der Elemente Wasser, Luft und Feuer (Licht) geführt hat. Die ersten abendländischen Philosophen hingegen setzen den Sieg voraus und rationalisieren ihn zur Naturnotwendigkeit. Erde, Wasser, Luft und Feuer sollen nicht mehr als göttliche Phantasiegestalten umhergeistern, sondern als Elemente an sich ungeschminkt hervortreten, damit dann durch sachliche Überlegung eines von ihnen als das wahre Urelement, als Grund und Prinzip aller Dinge erwiesen werde. Für Thales ist das das Wasser, für Anaximenes die Luft, für Heraklit das Feuer. "Keiner von denen, die ein Element vertraten, hat die Erde als Element bezeichnet, offensichtlich wegen ihrer Großteiligkeit"[8], bemerkt Aristoteles. In der Tat; die Erde, aus vielen heterogenen Teilen zusammengesetzt, gilt diesen Denkern als etwas Abgeleitetes, durch Zusammensetzung erst Entstandenes, während ihnen Wasser, Luft oder Feuer, weil homogener, als ursprünglich erscheinen. Entstehen jedoch können Dinge ebenso durch Teilung wie durch Zusammensetzung. Daß die Erde etwas Gewordenes, der dünnere Stoff hingegen ursprünglich sei, vermag denn auch keiner der Vorsokratiker zu beweisen. Die Unterordnung der Erde unter die flüchtigeren Elemente ist, so sehr sie vom menschlichen Drang nach Geistigkeit zeugt, ein geistiger Willkürakt, der die gewaltsame Unterwerfung des weiblichen Geschlechts philosophisch überhöht. Auf ungenügende Weise freilich, denn die ionische Naturphilosophie klebt selbst noch am Stoff, von dessen erdiger Gestalt sie sich zu emanzipieren trachtet, und verharrt in dem Widerspruch, daß ein Element, also ein partikularer Naturstoff, zugleich das allgemeine Prinzip aller Natur sein soll.

Aus dieser Ungereimtheit löst sich erst Parmenides, der die sinnliche Hülle des Denkens sprengt und zur reinen Geistigkeit vorstößt. Seinen Vorstoß stellt er anspielungsreich als Himmelfahrt dar, bei der er wie im Zeitraffer noch einmal den Weg durchmißt, dessen beschwerliche Länge die Mythologie bezeugt. In einem von Pferden gezogenen Wagen fahren ihn "die Sonnenmädchen", "das Haus der Nacht verlassend", mit rasender Geschwindigkeit "dem Licht zu" bis an "das Tor der Wege von Tag und Nacht", welches, "aus Äther bestehend, mit großen Türflügel erfüllt ist, wofür

8 Aristoteles, Metaphysik 989 a

Dike, die vielvergeltende, die lösenden Schlüssel hat."[9] Bis an dies Tor reicht der Weg der Nacht; denn obwohl aus lauterem Äther zusammengesetzt, ist es dennoch aus Stoff, hat gar eine "steinerne Schwelle"[10] und gehört damit zur dunklen Sphäre der Unwahrheit, die der "wissende Mann"[11] durchstoßen muß. Das geschieht erst, als das Tor aufspringt und die Göttin Dike ihn jenseits der Schwelle im Reich der Unstofflichkeit empfängt, das sie ihm auch sogleich als das wahre Sein offenbart. Weder "die vielerfahrene Gewohnheit", noch "das ziellose Auge" noch "das widerhallende Gehör und die Zunge"[12] vermögen es zu erfassen. Allein das Denken, der von allem Sinnlichen gereinigte Logos ist in der Lage, die Kennzeichen des Seins zu begreifen: "daß es ungeworden und unvergänglich ist, ganz und gar einheitlich, unerschütterlich und vollendet"[13], worin "Entstehen ausgelöscht und Vergehen unbekannt"[14] ist. Als dasselbe und im selben bleibend, ruht es in sich"[15] und ist daher strikt dem entgegengesetzt, was die "blöde glotzende, unterscheidungsunfähige Masse"[16] für das Wahre hält: "Enstehen und Vergehen, Sein und Nichtsein, Ortswechsel und Farbveränderung."[17] In diesem Irrtum befangen, bleiben die Sterblichen "doppelköpfig" und ihr Verstand so "schwankend"[18] wie die Natur selbst, deren Entstehung der zweite, nur sehr

9 Parmenides, Fr. 1,9 ff. in: Uvo Hölscher (Hg.), Parmenides, Vom Wesen des Seienden, Frankfurt 1969, S. 10 u. 12

10 Fr. 1,12; a. a. O., S. 10

11 Fr. 1,3; S. 10

12 Fr. 7,4; S. 18

13 Fr. 8,3; S. 18

14 Fr. 8,21; S. 22

15 Fr. 8,29; S. 22

16 Fr. 6,7; S. 18

17 Fr. 8,40; S. 24

18 Fr. 6,5 f.; S. 16

fragmentarisch überlieferte Teil des parmenideischen Lehrgedichts behandelt. Offenbar wird sie als ein Gemisch aus Hell und Dunkel, Dicht und Dünn vorgestellt, die in Ringen konzentrisch umeinander gelagert sind und durch göttliche Anordnung aufeinander einwirken, denn:"Inmitten von diesen aber ist die Göttin, die alles lenkt: Denn allenthalben führt sie die abscheuliche Geburt und Mischung herbei, indem sie zum Männlichen das Weibliche schickt, daß es sich mische, und umgekehrt zum Weiblichen das Männliche"[19] Diese Göttin ist das Gegenbild der Dike, zuständig für jenes unablässige Entstehen und Vergehen, das Parmenides - im Gegensatz zu Anaximander[20] - nicht als Walten der Gerechtigkeit anzuerkennen vermag, sondern nur als das niedere, vermischende und verwirrende Treiben des Stoffwechsels, der der menschlichen Eigenart, Geist zu haben, gerade nicht gerecht wird. Erst jenseits dieses Treibens herrscht Gerechtigkeit, daher denn Dike die Sphäre des Werdens, weil sie vom Sein unterschieden ist, rigoros auf die Seite des Nichtseins schlägt, mit dem der Geist sich nicht gemein machen darf, das ihm daher sogar zu denken verboten werden muß: "Es ist notwendig zu sagen und zu denken, daß nur Seiendes besteht; denn das Sein ist, das Nichtsein aber ist nicht."[21]

Dieser Gewaltstreich, der das Denken von der Wahrnehmung, das wahrhaft Seiende vom Stoff strikt trennt, ist der Durchbruch zum reinen, unanschaulichen Gedanken: die Geburt des philosophischen Idealismus und zugleich sein

19 Fr. 12,3 ff.; S. 35

20 "Woraus aber die Dinge ihre Entstehung haben, darein finde auch ihr Untergang statt, gemäß der Schuldigkeit. Denn sie leisten einander Sühne und Buße für ihre Ungerechtigkeit, gemäß der Verordnung der Zeit." (Anaximandros, Fr. 21, zit. n. Wilhelm Capelle, Die Vorsokratiker, Stuttgart 1968, S. 82)

21 Parmenides, Fr. 6,1; a. a. O., S. 16

Geburtsfehler, mit dem er sein Lebtag geschlagen bleibt. Die patriarchalen Implikationen dieses Fehlers, die die Abkunft des Idealismus aus der Mythologie aufs Deutlichste verraten, sind bei Parmenides geradezu mustergültig vereint: das Motiv der Himmelfahrt, das die Ablösung des Geistes vom Stoff ausdrückt, mit den beiden Grundtypen des Weiblichen, denen der "wissende Mann" gegenübersteht. Hier Dike, die ihn freundlich empfängt und nur ausspricht, was ihn zum wissenden Mann macht, die zwar nach alter Mutterart das Mysterium verkündet, aber ein gänzlich unmütterliches: das des ewiggleichen, abstrakten Nicht-Stoffs, dem Dike ihren eigenen Namen und damit sich selbst verpfändet. Dort die namenlos bleibende Göttin der zügellos sich vermischenden Natur, in deren Fänge der Geist und sein Repräsentant, der Mann, nicht geraten darf. Aus dieser Gefahr scheint einzig der Satz der Identität zu retten, der alles vom reinen, mit sich identischen Sein Verschiedene kurzerhand für Nichtsein erklärt und dann begründet, warum man sich vor diesem Nichtsein nicht fürchten müsse: Es gibt kein Nichtsein, denn nur das Sein ist.[22] In der dürren Tautologie steckt der ganze Nachdruck einer magischen Formel. Ihr soll die unerhörte Kraft innewohnen, die konkrete Vielfalt der Natur zum Nichts und die reine, unbewegte Identität zum einzig Seienden zu machen. Doch es kommt nur die Kraftlosigkeit solcher Magie an den Tag. Sie beschwört das Nichtsein des Stoffwechsels, dessen Dasein auszusprechen sie nicht umhin kann, und sie beteuert die Realitätsfülle des reinen Seins, dessen gänzliche Leere sie nur demonstriert. Das reine Sein jenseits allen Werdens ist reine

22 Daß sich im parmenideischen Satz der Identität nicht primär logische Sturheit, sondern Heilswille artikuliert, zeigt bereits Klaus Heinrich, Parmenides und Jona, Frankfurt 1982, S. 85 ff.

Abstraktion, also kein wirkliches Jenseits des Stoffwechsels, sondern er selbst noch einmal - zum leeren Gedanken verflüchtigt. Folglich ist Dike nur die abstrakte Kehrseite jener niederen Göttin, mit der sie nichts zu tun haben will. Im ewiggleichen Sein und im ewiggleichen Werden herrscht dieselbe Gerechtigkeit. Wer sich von Dike empfangen läßt, hat sich auch mit ihrem Gegenbild eingelassen und erweist sich gerade als der Sphäre verhaftet, über die er sich erhebt. Das als Natur behandelte Weib läßt ebensowenig wie die als Weib personifizierte Natur den patriarchalen Geist, der sie unterwarf, aus dem Griff, auch wo er, wie im Satz der reinen Identität, seine sinnliche Hülle abstreift und nackt entfliehen möchte.

Der Idealismus schießt schon im Entstehen übers Ziel hinaus. Groß ist seine Einsicht, daß der Stoff nicht alles sein kann, daß es etwas von ihm Unterschiedenes geben muß, das in allem Wechsel identisch bleibt und beharrlich Struktur und Ordnung in ihm bewirkt. Groß ist ebenfalls die Einsicht, daß dies unstoffliche Sein nur durch ebenfalls unstoffliche Begriffe erfaßt werden kann, die deutlich von jeder Sinneswahrnehmung zu unterscheiden sind. Falsch aber ist die Konsequenz, daß das von Stoff und Wahrnehmung Unterschiedene auch gänzlich unabhängig davon sei: ein ewiges, selbstgenügsames Reich ideellen Seins. Der Wahn der Autarkie des Ideellen nährt sich von einem andern Wahn: daß das männliche Geschlecht als das eigentliche Gattungswesen im Grunde autark und das weibliche nur eine zu seiner Erhaltung dienliche Beigabe sei. Die Ahnung, daß das nicht stimmt, hat diesen Wahn zwar stets begleitet, aber nicht verhindert, daß auf seiner Basis die große Philosophie erblühte. Wenn das Ideelle nämlich autark ist, wofür das Geschlechterverhältnis der Fingerzeig zu sein scheint, dann kann man auch bis zum unsinnlichen, aber wirklichen Grund der Erscheinungswelt erkennend vordringen. Und erst diese Aussicht, die Welt im Innersten zu begreifen und ein mit dem Wesen aller Dinge übereinstimmendes kontemplatives Leben zu führen, beflügelte die Denkkraft eines Platon und Aristoteles zu den uns überlieferten Höchstleistungen.

Am parmenideischen Sein kritisiert Platon denn auch nicht die Selbstgenügsamkeit, sondern die Abstraktheit. Er faltet es in eine Vielzahl von Ideen aus. Sie sollen das wirkliche Jenseits der Erscheinungswelt sein, den konkreten Einzeldingen Bestand geben - die Idee des Menschen jedem Menschen, die Idee des Schönen allem Schönen etc. - und von ihrer Unbeständigkeit unberührt bleiben. Das ist nur möglich, wenn es zwischen Unstofflichem und Stofflichem etwas gibt, was Parmenides strikt ausschloß: Gemeinsamkeit. Platon konstruiert sie so: Die Einzeldinge, dem Stoffwechsel unterworfen, haben keine eigene Realität, haben aber an der autarken Realität der Ideenwelt teil wie vergängliche Abbilder an ewigen Urbildern.[23] Im Vergleich zu den Ideen sind sie nichtig, aber ein absolutes Nichtsein sind sie keineswegs. Diese doppeldeutige Stellung zur Realität entspricht bei Platon exakt der Stellung der Frau zur menschlichen Spezies. Es gibt "gar kein Geschäft von allen, durch die der Staat besteht, welches dem Weib oder dem Manne als Mann angehörte, sondern die natürlichen Anlagen sind auf ähnliche Weise in beiden verteilt, und an allen Geschäften kann das Weib teilnehmen ihrer Natur nach, wie der Mann an allen; in allen aber ist das Weib schwächer als

23 Vgl. Platon, Phaidon 100 b ff., Politeia 509 c ff. u.ö.

der Mann."[24] Also keine Rede davon, der Frau das Vernunftvermögen abzusprechen, aber auch keine davon, es ihr rundum zuzugestehen. Ähnlich ist sie dem Mann, aber nicht gleich; also nicht subjektlos, aber auch nicht ganz Subjekt. Die Realität der Menschheit ruht im männlichen Geschlecht; das weibliche ist bloß der daran teilhabende Abglanz. Der philosophische Terminus Teilhabe, der erklären soll, wie materielles und ideelles Sein zusammengehören, rationalisiert zugleich das Patriarchat. Er scheint plausibel zu machen, warum gewisse Lebewesen, deren Zugehörigkeit zur Menschheit sich schlechterdings nicht leugnen läßt, dennoch nicht so recht zu ihr gehören und den vollwertigen Menschen daher untertan sein müssen.[25] In Wirklichkeit sind die platonischen Ideen freilich ebensowenig selbstgenügsam wie das parmenideische Sein, denn ihre gepriesene Realitätsfülle, an der sie die jeweiligen Einzeldinge angeblich teilhaben lassen, besteht darin, noch einmal dasselbe zu sein wie die Einzeldinge - "minus ihrer Individualität und Existenz"[26]. Ein Ding aber ohne Stoff und Einzeldasein ist ein Unding, kein ens realissimum. Die vermeintlich autarken Urbilder sind faktisch die abstrakten Abbilder der empirischen Dinge, und der Geist, der sich losgelöst von der Sinnenwelt ganz

24 Platon, Politeia 455 de, Sämtliche Werke Bd. 3, übersetzt v. Friedrich Schleiermacher, Hamburg 1958, S. 177

25 Anders argumentiert Platon dort, wo er den Mythos vom mannweiblichen Urmenschen erzählt, dessen gewaltsame Teilung zwischen den Geschlechtern erst den Drang nach Vereinigung entstehen ließ. Der Eros, der hier am Werk ist, ist die Instanz des Mangels; er drückt gerade die wechselseitige Bedürftigkeit derer aus, die er miteinander vermittelt: Mann und Frau, Ideen und Sinnenwelt. Platons Eroslehre steht daher quer zur Lehre von den selbstgenügsamen Ideen, mit der er sie dennoch zu vereinbaren suchte; vgl Platon, Symposion 189c ff., 200 a ff.

26 Karl Heinz Haag, Der Fortschritt in der Philosophie, Frankfurt 1983, S. 24

in die Ideen zu versenken meint, ist nur das Echo der Natur - ebensowenig über sie erhaben wie das männliche Geschlecht übers weibliche.

Aristoteles erkannte, daß den Ideen, solange sie als separate Urbilder gedacht werden, keine Wirklichkeit zukommt. So suchte er ihre Selbstgenügsamkeit anders zu erweisen: indem er sie nicht als das Jenseits, sondern als das Innere der Sinnendinge faßte: die sie konstituierende Form. Das ist nur möglich, wenn sie nicht starr in sich verharren, sondern erzeugende Kraft haben: *energeia.*[27] Aristoteles glaubt überall in der organischen Natur solche energeia zu entdecken. In einem Keimling etwa steckt schon die Form des ganzen Baumes, und er wickelt sich auch von selbst zum wohlgeformten Baum aus. Also scheint die Form selbst die Ursache dieses Werdens zu sein, der Stoff hingegen nur das passive Material, woraus das konkrete Ding wird. Dieser Schein entsteht so: Weil das menschliche Denken nur die unstoffliche Form der Naturdinge zu erfassen vermag, nicht aber die Kraft, die die Form auseinanderfaltet, gibt es zwischen beiden auch keinen Unterschied. Also ist die Form selbst der Formgeber, das Resultat der Entwicklung auch ihr Motor.[28] Das freilich ist ein Trugschluß, der mit dem platonischen bemerkenswerte Ähnlichkeit hat: Der spezifische Umriß eines Dings minus Stoff und Einzeldasein soll die produktive Kraft sein, die dem Ding seine Konsistenz und identifizierbare Gestalt gibt, ist in Wirklichkeit aber nur die kraftlose Abstraktion des Dings.

Die Illusion, die Form sei auch das Formierende, hebt die Rationalisierung des Patriarchats noch einmal auf ein höheres Niveau; denn daß die Geschlechter sich zueinander ver-

27 Vgl. Aristoteles, Metaphysik 1050 a u. ö.

28 Karl Heinz Haag, a. a. O., S. 32

halten wie Form und Stoff, erscheint nun als ausgemachte Sache. "Weil aber die erste bewegende Ursache, in welcher der Begriff und die Form liegt, höher und göttlicher ist als der Stoff, ist es auch besser, daß das Höhere vom Niederen getrennt ist; daher ist überall da, wo es tunlich ist, das Männliche vom Weiblichen getrennt. Denn besser und göttlicher ist das Prinzip der Bewegung, welches als das Männliche den Geschöpfen zugrunde liegt; der Stoff aber ist das Weibliche."[29] Die Frau ist bei der Fortpflanzung die passive, bloß empfangende Seite, "gleichsam ein zeugungsunfähiger Mann"[30], während dem männlichen Samen die ganze produktive Kraft der Form innewohnt. "Daher ist klar, daß er eine Seele hat und potentiell Seele ist"[31], also bereits das integrale Wesen eines künftigen Menschen enthält, für den die Geschlechtsorgane der Frau nur noch den Nährboden der Entwickung darstellen. Damit gibt es für die männlich bestimmte Generationenfolge erstmals eine durchgearbeitete Theorie, die durch Untersuchung des Zeugungsvorgangs zu beweisen scheint, daß im Patriarchat dasselbe vernünftige Prinzip am Werk sei wie in der Konstitution der ganzen Natur.

Allerdings ist die energeia, die Aristoteles den Formen zuschreibt, um ihre selbständige und erzeugende Stellung in der Natur überhaupt vernünftig denken zu können, ausgerechnet die Eigenschaft, die einst als das Göttliche der Erde verehrt wurde, als man sie noch für die Urmutter hielt, die, selbst unentstanden und unvergänglich, kontinuierlich alles Lebendige aus sich entstehen läßt und wieder in sich zurücknimmt. Zweifellos ist Aristoteles über solchen trüben Glau-

29 Aristoteles, Über die Entstehung der Lebewesen 732 a
30 A. a. O., 728 a
31 A. a. O., 735 a

ben weit hinaus, zumal er den Nachweis führt, daß es tatsächlich eine Sphäre reiner unstofflicher Produktivität gibt: den menschlichen Geist. Er ist sowohl das, was die Gedanken bildet, als auch das, woraus und worin sie gebildet werden. "Gedacht nämlich wird er selbst, indem er Gedachtes berührt und denkt, so daß Geist und Gedachtes dasselbe sind."[32] Dies Moment unstofflicher Produktivität, ohne das der Geist sich nicht von der Natur unterscheiden und seine Inhalte selbst hervorbringen könnte, ist freilich ein rein innergeistiges Vermögen. Aristoteles jedoch legt es der ganzen Natur zugrunde. Die Entfaltung des Geistes und die Konstitution der Sinnenwelt sollen nur unterschiedliche Wirkungsweisen ein und derselben energeia sein, deren Inbegriff er als unbewegtes Bewegendes bezeichnet.[33] Das ist idealistischer Wahn. Das Moment *relativer* Selbständigkeit des Geistes gegen die Natur wird zur *absoluten* Selbständigkeit des gesamten unstofflichen Seins hypostasiert, das damit unversehens das Erbe des Stoffwechsels antritt. Die verfemte göttliche energeia des Materiellen feiert als energeia des Ideellen fröhliche Urständ. Das unbewegte Bewegende ist die zur reinen Abstraktion verflüchtigte Gebärkraft der guten alten Mutter Erde.

Die aristotelische Zeugungstheorie hat Schule gemacht. Am nachhaltigsten lebt sie ausgerechnet dort weiter, wo sie tendentiell überwunden wird: im Christentum. "Christus ist für unsere Sünden gestorben", sagt Paulus[34] und meint damit alle Menschen: Sklaven wie Freie, Frauen wie Männer.[35] Wenigstens vor Gott sollen Weiblich und Männlich gleich sein - ein enormer Fortschritt, der allerdings die Be-

32 Aristoteles, Metaphysik 1072 b

33 Ebd.

34 1 Kor 15,3

35 Gal 3,28

kräftigung der sozialen Ungleichheit der Geschlechter zur Basis hat. Für die Sünden aller Menschen sterben konnte Christus nur, wenn er sowohl Mensch als auch sündlos war; denn wer sündig ist, stirbt nur für die eigenen Sünden: "Der Tod ist der Sünde Sold."[36] Das ist die gnadenlose Gerechtigkeit des Stoffwechsels. Solange der menschliche Geist ihm verfallen bleibt, verfällt ihm schließlich der ganze Mensch. Der gesamte menschliche Gattungsprozeß steht nach Paulus unter diesem Fluch; mit der Erzeugung jeder neuen Generation pflanzt sich auch die Sünde fort, die mit Adam in die Welt kam.[37] Um sündlos zu sein, muß Christus daher übernatürlicher, göttlicher Zeugung entstammen. Andrerseits muß er als wahrer Mensch wirklich geboren sein, also eine irdische Mutter haben, die dem Naturprozeß mit Haut und Haaren angehört, ihre Leibesfrucht aber auf übernatürliche Weise empfing.[38] Die Jungfräulichkeit Mariae ist die Bedingung der Sündlosigkeit Christi. Doch auch diese Konstruktion hat einen Haken: Jungfräulich heißt nicht sündlos. Einen sündlosen Sohn konnte die Jungfrau nur gebären, wenn sie ihre eigene Sünde dabei nicht auf ihn übertrug, wenn sie also das bloß zufällige Gefäß eines Samens war, der die göttliche und menschliche Natur Christi bereits integral in sich vereinigte und nur noch ausgebrütet werden mußte. Nur die Erniedrigung zum Behälter Jesu konnte Maria zur Gottesmutter erhöhen.

Die Menschwerdung Gottes in Christus funktioniert nur unter der patriarchalen Voraussetzung eines autarken gottmenschlichen Samens, der sich nur deshalb im Leib einer Frau, aber unberührt von ihrer Sünde zum konkreten Ver-

36 Röm 6,23

37 Röm 5,12 ff.

38 Mt 1,20; Lk 1,35

söhner von Ideellem und Materiellem auszufalten vermochte, weil Frauen keine vollwertigen Subjekte sind. Bereits Empfängnis und Geburt des Versöhners befestigen also die Unversöhntheit der Geschlechter und dementieren schon vorweg die Heilskraft seines Todes, der in der historischen Wirklichkeit denn auch alles andere war als der willfährige, versöhnende Opfergang, zu dem die Theologie ihn hat stilisieren müssen: die brutale Hinrichtung eines Menschen, der die Versöhnung so radikal und spektakulär zu denken und zu symbolisieren vermochte, daß er die faktische Unversöhntheit und Ungöttlichkeit der Welt einschließlich des erwählten Volkes auf offenbar unerträgliche Weise hervortreten ließ. Im Auftritt des historischen Jesus ist die Versöhnung nur sinnlicher Schein geworden, nicht wirkliches Fleisch. Daher gewinnt sie im Christentum auch keine stoffliche Realität. Statt den unheilvollen Lauf der unversöhnten Welt zu stoppen, tritt sie in ihn ein und gerät mit sich selbst in den Widerspruch, der das *Kreuz* des Christentums ausmacht: Sie wird zur Versöhnung mit der fortdauernden Unversöhntheit, gegen die sie gerichtet ist

III

Der Idealismus ist patriarchale Unwahrheit; er ist aber auch Potential aller Wahrheit. Ihn richtig kritisieren heißt dies Potential aktualisieren. Jede andere Kritik fällt hinter seine Errungenschaften zurück. Das ist für den Feminismus wichtig zu wissen. Das System der Gattungen und Arten etwa, dessen Konturen die platonisch-aristotelische Ideenlehre herausarbeitete, strukturiert tatsächlich die erscheinende Natur. Keine Naturaneignung kommt umhin, sich danach zu richten, auch keine weibliche. Entsprechendes gilt für die Gesetze der Logik. Daß der Mann Aristoteles es war, der den Satz vom zu vermeidenden Widerspruch zuerst formulierte, spielt keine Rolle; er ist auch für jede Frau verbindlich. Frauen, die ihn als männliches Herrschaftsinstrument denunzieren, sind patriarchaler, als der Idealismus sich je zu sein getraute: Sie leugnen ihr eigenes Vernunftvermögen und schließen sich von der Menschheit aus. Die Einsichten des Idealismus hingegen schließen alle Menschen ein, auch wo er gar nicht alle meinte. Er kann nicht verhindern, daß was an sich wahr ist, auch fürs weibliche Geschlecht wahr ist. Sein Wahrheitspathos untergräbt seine patriarchalen Implikationen.Die objektiven Formen des Denkens und der Natur, die er zutage fördert, sind geschlechtsneutral. Ihre Erkenntnis ist Unterpfand der Freiheit für beide Geschlechter. Nur die geistige Durchdringung des unstofflichen Seins eröffnet die Chance, das menschliche Dasein aus der heillosen Verstrickung in den Stoffwechsel zu lösen. Dem leistet der Idealismus Vorschub, auch wo er es verhindert. Der Geist, die Instanz, die alle Klassen- und Männerherrschaft etabliert hat, ist auch die einzige, die sie aufzuheben vermag. Zwischen den Geschlechtern ist er das Dritte, worin einzig ihre zwanglose Verständigung gelingen könnte. Sie entspräche ganz dem Wesen des Geistes. Sein Grundgesetz, gegen das sich nicht vernünftig denken läßt, ist das der Widerspruchsfreiheit. Die gewaltsame und damit scheinhafte Verselbständigung des Geistes gegen die Natur verstößt gegen dies Gesetz; es verlangt die integre Übereinstimmung des Unterschiedenen, also die Versöhnung von Geist und Natur und damit auch die der Geschlechter.

Die Idee der Versöhnung bedeutet Verzicht auf die Fiktion, der Geist sei autark. So ist sie zuinnerst antiidealistisch.

Doch es ist der Idealismus, der sie zuerst formulierte und ihren Verzicht nicht zum Zuge kommen ließ. Das Christentum hat sie selbst noch einmal zu einem autarken ideellen Sein hypostasiert und als Garanten dafür angesehen, daß auch die Strukturen der Natur und Gesellschaft lauter selbstgenügsam in sich ruhende Wesenheiten seien, die Gott hierarchisch gegliedert und auf die Vollendung seines Heilswerks hingeordnet habe. So scheint die mittelalterliche Ständegesellschaft, die jedem Stand und Geschlecht seine besondere Aufgabe zur Ehre Gottes zuweist, noch einmal die Wahrheit des Idealismus sinnenfällig zu machen und dem menschlichen Geist einen festen Halt in der Objektivität der Weltordnung zu geben.

Um so größer ist der Schock, als diese Ordnung zerbricht und mit ihr der Glaube an die Autarkie der Wesenheiten. Das erschüttert nicht nur die päpstliche und kaiserliche Autorität, sondern die innerste Selbstgewißheit des Geistes. Wenn es keine autarke Ideensphäre gibt, gibt es dann überhaupt eine? Oder ist sie bloß ein Denkprodukt, mit dessen Hilfe der Verstand in die verwirrende Vielfalt der erscheinenden Natur notdürftig eine gewisse Ordnung bringt, die der Natur selbst aber gar nicht innewohnt? Wenn das stimmt - und der Nominalismus des 14. Jahrhunderts ist nur der philosophische Ausdruck dieser Überzeugung - dann kommt endlich zum Vorschein, was der Idealismus nicht wahrhaben wollte: daß die Erhebung des Geistes über den Stoffwechsel zum an sich Wahren ebenso scheinhaft war wie die des männlichen Geschlechts über das weibliche. Die Natur ist nach wie vor das gebärende und verschlingende Element, dem der Geist nicht entrann und deren ungeschminkte Gestalt er zu Gesicht bekommt, sobald er die Tünche der Wesenheiten von ihr entfernt. Und was sieht er da? Die alte

Doppelgestalt des Weiblichen mit neuer Intensität: Natur als das amorph-gefügige Material seiner Phantasie und zugleich als den zügellosen Stoffwechsel, der, nicht länger gebändigt durch objektive Ideen, seine alte mythische Kraft zurückgewinnt. So erwächst die aufklärerische Experimentierfreude der Neuzeit auf demselben geistigen Boden wie der finsterste Hexenwahn, der nicht von ungefähr erst mit dem Zerfall der mittelalterlichen Weltordnung zum Massenphänomen wird und die Männer zum Endkampf gegen eine universale weiblich-dämonische Bedrohung herauszufordern scheint.[39] Was in Wirklichkeit stattfand, war freilich kein Kampf, sondern gnadenloser Terror gegen das ohnehin schon unterworfene Geschlecht, dem die Terroristen sich dabei sukzessive angleichen. Die Hexenverfolger halten sich selbst für von Hexen verfolgt, und der Kampf, den sie männlich gegen eine dämonische Übermacht zu führen meinen, ist nur der Ausverkauf all dessen, was einmal als männliche Tugend gegolten hatte: Mut, Tapferkeit, Ritterlichkeit. Während es für die, die ihnen in die Fänge geraten, kein Entkommen gibt, riskieren sie selbst nichts und sind genau die feigen, hinterhältigen Memmen, die sie in ihren gequälten Opfern zu sehen glauben. So gestehen sie unfreiwillig ein, daß es mit der Autarkie des männlichen Geschlechts nicht besser steht als mit der der Ideensphäre und der Sturz der mittelalterlichen Ordnung auch den der Männerherrschaft ankündigt. In den Hexenverfolgungen beginnt die Agonie des Patriarchats; nur deswegen sind sie so grausam.

Es ist, als habe Luther das geahnt, als er die Vernunft, von der er die Verfolgung der Hexen, die Niederschlagung des

39 Vgl. hierzu ausführlich Friedrich Wilhelm Pohl/ Christoph Türcke, Heilige Hure Vernunft. Luthers nachhaltiger Zauber, Berlin 1983, S. 27 ff.

Bauernaufstands und überhaupt die Erstickung jedes Funkens von Aufruhr verlangt, ausgerechnet als Hure bezeichnet[40] - das menschliche Zuchtmittel schlechthin als Inbegriff der Unzucht, den für männlich geltenden Geist als weiblich. Was er damit an den Tag bringt, ist die qualitative Indifferenz von Geist und Natur, von Männlich und Weiblich, die schon immer die geheime Kehrseite ihrer gewaltsam hergestellten Differenz war. Mit einem Schlag legt die Formel von der Hure Vernunft die Unwahrheit des Idealismuns bloß - aber nur, um sie zu bekräftigen. Was ist, soll auch sein. Prostitution sei das Wesen der Vernunft, nicht das Unwesen. So spricht Luther, ohne es zu ahnen, geradezu prophetisch die objektive Tendenz der Gesellschaft aus, die sich zu seiner Zeit aus den Trümmern der feudalen erst langsam herauszubilden beginnt und nicht vor dem 19. Jahrhundert fest auf ihren eigenen, bis heute fatal haltbaren Füßen steht. Das Bewegungsgesetz dieser Gesellschaft, der kapitalistischen, läuft in der Tat auf die Indifferenz von Geist und Natur, von Männlich und Weiblich hinaus. Es degradiert die Vernunft zu einem bloßen Mittel der Selbsterhaltung, die doch lediglich das vegetative Prinzip im Menschen ist. So gerät die Vernunft ganz auf die Seite eines wildwuchernden Stoffwechsels, dessen konkrete Gestalt der Markt ist. Hier nämlich muß sie sich um der Selbsterhaltung willen verkaufen und wird, indem sie sich per Arbeitsvertrag zur Befriedigung fremder Zwecke hingibt, über deren Sinn sie nicht zu befinden hat, tatsächlich zur Hure. Während sie ihre Kraft zur wissenschaftlichen, technischen oder organisatorischen Beherrschung von Natur verausgabt, befördert sie den subjektlosen, blinden Stoffwechsel des Kapitals und ist als Zuchtmittel auch Motor zügelloser Naturwüchsigkeit.

40 Friedrich Wilhelm Pohl/ Christoph Türcke, a. a. O., S. 46 ff.

Das Kapital als Produktionsverhältnis ist das Abstrakteste und Konkreteste zugleich. An sich ist es nichts als eine leere, unstoffliche Bewegung ohne jede eigene Substanz; doch was durch sie bewegt wird, sind die Stoffmassen des gesamten ökonomischen Prozesses. Sie bestimmt die Menschen zur Ware Arbeitskraft, wendet sie auf Produktionsmittel an, bezieht die daraus entstehenden Produkte auf Käufer, kehrt durch Profit gestärkt in sich zurück und tritt erneut in die Produktionssphäre ein. In dieser ständigen Produktion erhöhter Produktivität wird der patriarchale Wahn einer reinen, unstofflichen energeia Wirklichkeit - und bleibt doch Wahn. Denn diese energeia untersteht selbst materiellen Bedingungen. Sie ist an die Natur gebunden, der sie ihr ökonomisches Gesetz aufdrückt, und konstituiert sie nicht etwa. So ist sie nur eine besondere Bewegungsform der materiellen Dinge selbst, eine bestimmte Art ihres Stoffwechsels, gebiert, nährt und verschlingt wie Mutter Erde und pulsiert dabei nicht minder natürlich und ziellos in sich als sie. Als zweite Natur ist die Kapitalbewegung ebenso Große Mutter wie Übervater - aber nur, indem sie beide ineinanderfallen läßt und ihre Indifferenz herstellt. Das subjektlose Subjekt des Gesellschaftsprozesses ist geschlechtsloser Zwitter.

Entsprechend gleichgültig ist ihm das Geschlecht der Ware Arbeitskraft, die es in seinen Dienst nimmt. Leichtlohngruppen für Frauen sind ihm ein willkommenes Zubrot, aber nicht seine Existenzbedingung. Es ist vielmehr der Kapitalismus, der mit der Gleichheit der Menschen erstmals bitter Ernst gemacht hat, indem er Leibeigenschaft und alle persönlichen Abhängigkeitsverhältnisse des Feudalismus beseitigte und die freie Verfügung aller Individuen über die eigene Person an ihre Stelle setzte. Erst unter dieser Bedingung konnten die Frauen politische Gleichberechtigung erlangen und in vollem Maße Rechtssubjekte werden. Insofern ist das Kapital Schrittmacher der Humanität; es entzieht jeder Herrschaft von Menschen über Menschen , also auch der von Männern über Frauen, die Rechtsgrundlage. Doch die Freisetzung und Gleichstellung der Individuen, die alle feudalen Fesseln sprengt, ist auch die Entfesselung der Konkurrenz, und die ist nicht mehr ein partikularer Kampf dieser Gruppe gegen jene, des einen Geschlechts gegen das andere, sondern ein Kampf aller gegen alle, dessen ökonomischer Zwang so stark ist, daß er sogar den Zusammenschluß des Proletariats zu einer solidarischen, ihrer selbst bewußten Klasse bis heute verhindert hat. Die Gleichberechtigung der Frauen realisiert sich vornehmlich in ihrer gleichberechtigten Eingliederung in den Konkurrenzkampf, in dem sie aufs Ganze gesehen die schlechteren Startchancen haben. So sind die Nachwirkungen des Patriarchats kaum humaner als es selbst. Nach wie vor sitzen überwiegend Männer in den gesellschaftlichen Machtpositionen, auch wenn diese Macht ein geschlechtsloser ökonomischer Zwang ist und die Männer bloß dessen Büttel sind, nicht souveräne Patriarchen. Prinzipiell könnten auch Frauen jede dieser Positionen einnehmen, ohne daß das Kapital deswegen nur einen Deut stockender als sonst zirkulieren müßte, und einige eiserne Ladies, die das vorexerzieren, gibt es ja längst. Insgesamt aber hat die Gleichberechtigung als Ware Arbeitskraft die Unterlegenheit der Frauen nur auf neue Weise festgeschrieben und raubt ihnen zudem den Rückhalt, der für dies Los einst immerhin entschädigte: wenigstens respektiert zu sein in unaustauschbarer Zuständigkeit für das Wohl der Kinder und die Ordnung der häuslichen Dinge. In der gewaltsamen Nivellierung der Geschlechter lebt ihre gewaltsame Differenz fort.

Der Feminismus hat es daher wahrlich nicht leicht. Ständig läuft er Gefahr, auf die falsche Aufhebung patriarchaler Unwahrheit, die die bestehende Gesellschaft geleistet hat, noch einmal falsch zu reagieren und zu bekräftigen, was er beseitigen will. Fordert er volle Gleichberechtigung, so verlangt er nur die Verschärfung des ohnehin stattfindenden Konkurrenzkampfs. Empfiehlt er die Rückkehr zur natürlichen Weiblichkeit des Gebärens und Nährens, so fällt er nur auf jene vegetative Bestimmung der menschlichen Natur zurück, gegen die das Patriarchat zu Recht aufbegehrte und die zudem im gebärend-nährenden Stoffwechselprozeß des Kapitals täglich ihre Gemütlichkeit demonstriert. Denunziert er die Vernunft als männliches Herrschaftsinstrument, so disqualifiziert er sich vorab als unvernünftig und verkennt die bestehende Gesellschaft gleich doppelt: als patriarchal und als vernünftig. Postuliert er eine neue weibliche Logik jenseits aller Herrschaft, so ist schon die Formulierung des Postulats den logischen Regeln verhaftet, die nicht mehr gelten sollen.

Was das Wesen des Weiblichen und Männlichen jenseits des anatomischen Unterschieds ausmacht, läßt sich nicht positiv bestimmen. Die Eigenschaften, die traditionell als männlich und weiblich gelten, sind Resultat des Geschlechterkampfs, nicht freier Entfaltung. Die steht noch aus. Erst mit der Brechung des ökonomischen Zwangs, der die Geschlechter gewaltsam nivelliert, könnte sich ihre zwanglose Differenz einstellen. Männer und Frauen haben denselben geschlechtslosen Feind, der sie gegeneinander ausspielt. Sich gemeinsam gegen ihn zu formieren ist eine theoretische wie praktische Aufgabe. Die theoretische wäre, die patriarchale Unwahrheit des Idealismus zu erkennen und seine Wahrheit hervorzutreiben. Darin täten die Männer vernünftige Buße für das jahrtausendealte Unrecht gegen das weibliche Geschlecht, darin brächten die Frauen ihr Recht zur Vernunft, und beide arbeiteten schon auf ihre Weise an der Versöhnung, die der einzig vernünftige Zustand zwischen den Geschlechtern wäre.

Denker der Zukunft

C. G. Jungs Archetypenlehre

Bei prominenten Fortschrittskritikern, die einzig noch vom Bruch mit den herkömmlichen Denk- und Handlungsweisen der Industriegesellschaft die Abwendung der Katastrophe erwarten, fällt immer häufiger der Name C.G.Jung. Der Physiker Fritjof Capra etwa, dessen Buch 'Wendezeit' Bausteine eines von Grund auf neuen Denkens verspricht, zählt Jung zu den entscheidenden Wegbereitern "einer ganzheitlichen und ökologischen Sicht"[1], die mit dem kausalmechanischen Weltbild Newtons auch "die heutige gesamtgesellschaftliche Krise"[2] überwinden soll. Und Franz Alt verdankt Jung gar seine Publizität. Jungs Schriften und eine entsprechende Therapie halfen ihm aus der midlife-crisis, offenbarten ihm, daß die zentralen Probleme der zweiten Lebenshälfte "im Grunde religiöser Natur sind"[3], brachten ihn auf den "Weg der Ganzheit und Selbstverwirklichung über Selbsterkenntnis"[4] und führten ihn "zu Jesus von Nazaret und seinen zentralen Aussagen in der Bergpredigt"[5]. So erst wurde er "zum Atompazifisten"[6] und fähig zu seiner Einsicht, daß Frieden möglich sei. Den Erfolg des gleichnamigen Buches führt er "vor allem auf die Jungschen Inspirationen darin"[7] zurück.

1 Fritjof Capra, Wendezeit, Bern 1983, 2. Aufl., S. 9
2 Fritjof Capra, a. a. O., S. 11
3 Franz Alt (Hg.), Das C. G. Jung-Lesebuch, Olten 1983, S. 8
4 Franz Alt (Hg.), a. a. O., S. 10
5 Franz Alt, Frieden ist möglich, München 1983, S. 10
6 Ebd.
7 Franz Alt (Hg.), a. a. O., S. 8

Capra und Alt stehen für einen Trend. Jungs besondere Art, Seelenanalyse und Weltanschauung zu vereinen, wird 25 Jahre nach seinem Tod zu einer öffentlichen Entdeckung. Man ist die oberflächlichen Selbstfindungsprogramme der Sorte 'Ich bin okay, du bist okay' oder 'Ungehemmt seine Gefühle ausleben' gründlich leid. Was Orientierung geben soll, muß Tiefgang haben, und Jung *geht* in die Tiefe: zunächst ins persönliche Unbewußte, jenes trübe Sammelbekken von Verdrängtem und Unterschwelligem, dessen schonungslose Erhellung seit Freud Psychoanalyse heißt. Ihr weiß sich Jung zwar verpflichtet, doch will er als Therapeut nicht im Sumpf unbewältigter frühkindlicher Sexualität steckenbleiben, da "man die Psyche nicht behandeln kann, ohne ans Ganze und damit an Letztes und Tiefstes zu rühren"[8]. Die tiefste Schicht auf dem Grunde jeder Menschenseele aber, so seine These, ist eine uralte, überpersönliche Grundschicht, ein Jenseits aller individuellen Erfahrungen und Konflikte, das gleichwohl den Kern allen subjektiven Erlebens ausmacht: das *kollektive Unbewußte*. Der moderne Mensch hat es bis zur Unkenntlichkeit mit Rationalität überlagert. Es freizulegen und zur Geltung zu bringen, ist harte seelische Arbeit, für die aber hohe Belohnung winkt: Der Seelenkern ist nämlich die Sphäre der Ganzheit, des unverdorbenen Sinns, der sich dem, der geduldig bis zu ihm vordringt, als ebenso zuinnerst erlebte wie wissenschaftlich durchgearbeitete Weltanschauung schenkt.

Wer den Anspruch auf Wissenschaftlichkeit und den Durst nach Sinn gleichermaßen zu befriedigen weiß, der ist der Denker der Zukunft - denn wer von den Heutigen, den

8 Carl Gustav Jung, Psychotherapie und Weltanschauung. In: ders., Gesammelte Werke (GW), Olten 1958 ff., Bd. 16, S. 82. Zitate aus dieser Ausgabe werden im folgenden nur mit Titel- und Bandangabe nachgewiesen.

kritischen Intellektuellen wie den Gurus, vermöchte beides zu vereinen? So ist es also durchaus an der Zeit, Jung als den lange verkannten Ersehnten zu begrüßen - wenn seine Lehre vom kollektiven Unbewußten tatsächlich hält, was sie verspricht.

Wissenschaftlich-nüchtern mahnt sie zunächst, das Alte im Menschen nicht zu unterschätzen. "Ich meine die prähistorische, unbewusste Entwicklung des Geistes im archaischen Menschen, dessen Psyche der des Tieres noch sehr ähnlich war. Diese unermesslich alte Psyche bildet die Grundlage unseres Geistes"[9]. Wie mächtig sie auch in der Gegenwart noch wirkt, zeigen "die Analogien zwischen den Traumbildern des modernen Menschen und den Erzeugnissen des primitiven Geistes, seinen 'kollektiven Bildern' und seinen mythologischen Motiven."[10] Die Ähnlichkeit zwischen dem Stoff unserer Träume und dem uralter Mythen ist in der Tat ebenso frappierend wie die Gleichartigkeit der Motive in verschiedensten Kulturen. Wie soll man sich das erklären, wenn nicht durch "kollektive Vorstellungsmuster, die dem menschlichen Geist angeboren und vererbt sind"[11], zumal ja auch Kinder bisweilen bestimmte Symbole der Mythologie träumen, von denen ihnen im Wachzustand jegliche Erfahrung fehlt?

Selbst Freud sah sich zu der Annahme gezwungen, "daß im psychischen Leben des Individuums nicht nur selbsterlebte, sondern auch bei der Geburt mitgebrachte Inhalte wirksam" seien: "Stücke von phylogenetischer Herkunft, ei-

9 Carl Gustav Jung u. a., Der Mensch und seine Symbole, Olten 1984,7. Aufl., S. 67

10 Ebd.

11 A. a. O., S. 75

ne archaische Erbschaft"[12], die "nicht nur Dispositionen, sondern auch Inhalte umfaßt, Erinnerungsspuren an das Erleben früherer Generationen."[13] Andernfalls sei die "Kluft zwischen Individual- und Massenpsychologie"[14] nicht überbrückbar, die kollektive Wiederkehr von Verdrängtem nach Jahrhunderten nicht erklärbar.

Selbstverständlich gibt es ein kollektives Unbewußtes. Darin sind sich die Antipoden Freud und Jung zwangsläufig einig. Andernfalls gäbe es in der menschlichen Seele unterhalb der Bewußtseinsschwelle überhaupt nichts Allgemeines, keine Strukturen. Es ginge dort nur drunter und drüber; erklären ließe sich gar nichts. Erst an der Frage, wie das kollektive Unbewußte beschaffen ist, scheiden sich die Geister. Freud wagt die These der Vererbung erworbener Eigenschaften, die, seit Lamarck sie aufstellte, in biologischer Hinsicht umstritten und in psychologischer erst recht problematisch ist. Die Frage nämlich, wie Gattungen denn fähig sein sollen, ihre Eigenschaften zu verändern, *ohne* Erworbenes mit der Zeit in ihre Erbmasse aufzunehmen, provoziert sogleich die Gegenfrage: Wie soll es möglich sein, daß äußere Einwirkungen auf Leib und Seele von Individuen ins Innere der Zeugungskraft der Gattung übergehen? Daß gar persönliche Erfahrungen, Erinnerungen, Gedanken durch Fortpflanzung weitergereicht werden? Für letzteres hat Freud die Beweislast, die er nicht tragen kann. Jung ist hier vorsichtiger und unvorsichtiger zugleich. Das kollektive Unbewußte läßt er nicht aus vererbten Vorstellungen bestehen, "sondern es sind angeborene Vorstellungsmöglichkeiten, Bedingungen des phantastischen Vorstellens a priori,

12 Sigmund Freud, Der Mann Moses und die monotheistische Religion, Frankfurt 1970, S. 128

13 A. a. O., S. 130

14 A. a. O., S. 131

etwa vergleichbar den Kantschen Kategorien. Die angeborenen Bedingungen geben keine Inhalte, sondern erteilen erworbenen Inhalten bestimmte Formungen. Diese allgemeinen, durch die ererbte Hirnstruktur gegebenen Bedingungen sind der Grund für die Ähnlichkeit der Symbole und der Mythenmotive in ihrem Vorkommen auf der ganzen Erde."[15]

Damit empfiehlt sich Jung nicht nur als "guter Kantianer", wie sein Schüler Kirsch ihn ehrfurchtsvoll nennt[16], sondern sogar als einer, der Kants Erkenntnislehre kritisch und produktiv weiterentwickeln könnte. Kant hat seine Kategorien ahistorisch konzipiert - als bestimmte Strukturen, die dem Verstand bereits innewohnen müssen, wenn er die Erfahrungswelt unter Regeln bringen will: Einheit-Vielheit, Ursache-Wirkung, Notwendigkeit-Zufälligkeit etc. Doch diese Kategorien fallen nicht fertig vom Himmel; der Verstand bringt sie durch seine Tätigkeit erst allmählich hervor. Wo er zu arbeiten beginnt - am Menschheitsanfang wie beim Kleinkind - beginnt auch erst die Scheidung von Innen und Außen, Subjekt und Objekt, Fiktion und Realität - ein Prozeß, von dessen Langwierigkeit die antike Mythologie beredtes Zeugnis gibt und der auch beim modernen Kind nicht ohne Anstrengung abläuft. In diesem Prozeß muß die Einbildungskraft ihren Herrn, den streng objektiven Zusammenhang der Kategorien, wie einen Flaschengeist erst entbinden, ehe er sie in seine logische Zucht nehmen kann. Während dieser Entbindung waltet sie als ein Bewußtsein, das so recht noch keines ist, logische Konsistenz vermissen läßt und dennoch nicht regellos funktioniert: als Phantasie.

15 Über das Unbewußte, GW, Bd. 10, S. 23

16 James Kirsch, Jungs sogenannter Antisemitismus. In: Analytische Psychologie 16. Basel 1985, S. 59

Sie erzeugt vornehmlich Bilder, in denen sich die Erfahrung der Realität blitzhaft verdichtet, Bilder, die sowohl Repräsentanten des Äußeren wie Ausdruck des Inneren sind und beides bis zur Ununterscheidbarkeit ineinanderspielen lassen: gefühlsgeladene Vorboten der Einsicht, daß sich die objektive Welt nie ohne subjektive Verarbeitung vergegenwärtigen läßt.

In ihrem Frühstadium erweist sich die Einbildungskraft als Kraft zur symbolischen Abbreviatur, als das ebenso sinnliche wie unsinnliche Vermögen, eine Mannigfaltigkeit von Erfahrung zu einem schlagenden Bild - Medusenhaupt, Sphinx, goldenes Kalb oder was es auch sei - zusammenzuziehen. Wie das genau funktioniert, ist noch viel zu wenig ergründet und wird auch dunkel bleiben, solange Erkenntnistheorie und Psychoanalyse getrennte Wege gehen. Jedenfalls müßte, um die Verfahrensweise der Einbildungskraft zu erhellen, ihre innige Verbindung mit einer andern Kraft durchsichtig gemacht werden, die ebenso ein Grenzgänger zwischen Unbewußtem und Bewußtem, Sinnlichem und Unsinnlichem ist wie sie: das Vermögen zur Nachahmung.

Durch Nachahmung nehmen die Menschen weit mehr in sich auf, als ihnen bewußt wird: Tonfall, Mimik, Gestik, Stimmungen etc. Was darin an latenter Bedeutung steckt, kann über lange Zeiträume hinweg von Generation zu Generation weitergegeben und konserviert oder umgeformt werden, ohne jemals ganz ins Bewußtsein zu treten. Weil kulturelle Überlieferung ohne Nachahmung nicht möglich ist, hat auch der geschichtliche Traditionsprozeß, dem das menschliche Bewußtsein seine Entstehung verdankt, stets eine unbewußte Dimension, worin sich kollektive Verdrängung mühelos jahrhundertelang mimetisch fortpflanzen kann, ohne je in die Zeugungskraft der Gattung überzugehen. Nachahmung hat längst begonnen, ehe die Subjekte ein Bewußtsein haben von dem, was sie nachahmen, und sie hört nicht auf, wo sie es bekommen. Noch in der Bildung abstrakter Begriffe stellt sich, nach einem Wort Benjamins, "unsinnliche Ähnlichkeit"[17] her zwischen dem geistigen Ausdruck und dem Sinnlichen, für das er steht. Noch die höchsten Bewußtseinsleistungen sind Verwandte des Unbewußten; noch in den kleinsten Regungen des Unbewußten liegen die Keime intellektueller Leistung.

Mit Jung hat das alles nur insofern zu tun, als es die verschenkten Möglichkeiten seiner Theorie zeigt. Statt daß der "gute Kantianer" seine tiefenpsychologischen Einsichten gegen das Ungeschichtliche der Kantischen Erkenntnistheorie mobilisiert, verdoppelt er es - als eine Art Kant fürs Unbewußte. Was im Bewußtsein die Kategorien, sollen in der Tiefenschicht des Unbewußten die *Archetypen* sein: "typische Formen des Auffassens"[18], "ein Erbgut", das "nicht individuell, sondern allgemein menschlich, ja sogar allgemein tierisch ist"[19]. Laut Jung ist es nicht nur allem historischen Wandel entrückt, sondern hat auch "mit dem Bewußtsein nichts zu tun, obschon man es liebt, mit dem Gedanken zu spielen, Bewußtsein und Seele seien identisch, was aber nichts ist als eine Anmaßung des Intellektes."[20] Merkwürdige Logik: Weil Seele und Bewußtsein nicht identisch sind, haben sie auch nichts miteinander zu tun? Die Unterschiedenheit zweier Dinge ist der Beweis für ihre Unabhängig-

17 Walter Benjamin, Lehre vom Ähnlichen. In: ders., Gesammelte Schriften, hg. von Rolf Tiedemann und Hermann Schweppenhäuser, Bd. II 1, Frankfurt 1977, S. 208

18 Instinkt und Unbewußtes, GW, Bd. 8, S. 160

19 Die Struktur der Seele, GW, Bd. 8 S. 175

20 Wotan, GW, Bd. 10, S. 210

keit voneinander? Daß die Seele nicht Leib ist, wäre dann schon der Beweis für die Seelenwanderungslehre und jede spiritistische Kapriole - also für jene trübe Metaphysik, gegen die Kants 'Kritik der reinen Vernunft' sich ausdrücklich richtet.

Weit kann Jung bei deren Lektüre schwerlich gediehen sein. Nähere Betrachtung der Archetypen erweist den "guten Kantianer" denn auch als ebensoguten Platoniker. Er gibt die Archetypen als "unbewußte, aber [...] lebendige Bereitschaften, Formen, eben Ideen in Platonischem Sinn" aus, die "in jeder Psyche vorhanden sind und deren Denken, Fühlen und Handeln instinktmäßig präformieren und beeinflussen."[21] Daß Platons Ideen als kosmische Substanz gedacht sind, nicht als psychische, ist Proseminarwissen. Gemeint ist, daß sie der gesamten Sinnenwelt zugrundeliegen als die unstofflichen Urbilder, die ihren vergänglichen Abbildern, den stofflichen Dingen, Konsistenz und Erkennbarkeit verleihen. Auch in der menschlichen Seele kommen nicht die Ideen selbst, sondern nur ihre begrifflichen Abbilder vor, die zudem rational, nicht "instinktmäßig" sind, und "unbewußt" kann man die Ideen allenfalls insofern nennen, als sie sich jenseits des Bewußtseins befinden, aber doch nicht, weil sie das Unbewußte *in* einer Seele wären!

Die Platonisierung Kants läßt von Kant wie von Platon kaum etwas übrig, hat aber Methode. Weil Kants Kategorien als die rein formalen Regeln gefaßt sind, nach denen der Verstand arbeitet, werden sie durch Anwendung auf die Sinnenwelt auch keinen Deut anschaulich. Von Quantität, Qualität oder Kausalität gibt es nirgends ein empirisches Abbild anzuschauen wie von der platonischen Idee des Menschen in jedem menschlichen Individuum. Jungs Archetypen

21 Über den Begriff des Archetypus, GW, Bd. 9/1, S. 95

bedürfen jedoch anschaulicher Materialisierung, sollen sie doch die Quelle des symbolischen Bilderreichtums sein. Also müssen sie sich selbst materialisieren, und die Chemie wird als Geburtshelfer engagiert. Die archetypische Form sei "dem Achsensystem des Kristalls zu vergleichen, welches die Kristallbildung in der Mutterlauge gewissermaßen präformiert, ohne selber eine stoffliche Existenz zu besitzen. Letztere erscheint erst in der Art und Weise des Anschießens der Ionen und dann der Moleküle."[22] Nur daß der Archetypus kein Kristall ist, Mutterlauge mit mythologischer Symbolik, selbst wenn darin die Gestalt der Großen Mutter eine wichtige Rolle spielt, nichts gemein hat, und Chemisches für Psychisches ebensowenig beweist wie die Funktionsweise der Verdauung für die des Intellekts.

Liefert die Chemie lediglich einen schiefen Vergleich, so die Ethologie ein ganzes Erklärungsmodell: Archetypen sind Konkretisierungen von Instinkten. Bei Tieren gibt es zahlreiche Instinkte: angeborene Verhaltensschemata, "gleichmäßige und regelmäßig sich wiederholende Formen des Reagierens"[23]. Daß sie den Menschen gänzlich abhanden gekommen seien, ist ebensowenig beweisbar wie das Gegenteil: daß sie als intaktes System, von der langen Entwicklungsgeschichte der vernunftbegabten Seele völlig unberührt, die unwandelbare unbewußte Basis des menschlichen Verhaltens ausmachen. Letzteres unterstellt Jung - als sei's schon richtig, weil das Gegenteil falsch ist. Und dann folgert er: "Wie wir den Begriff eines unser bewußtes Handeln regulierenden oder determinierenden Instinktes aufstellen müssen, so müssen wir auch für die Gleichmäßigkeit und Regelmäßigkeit der Anschauung einen zum Instinkt korrela-

22 Ebd.
23 Instinkt und Unbewußtes, a. a. O., S. 157

tiven Begriff [...] haben. Diese Größe bezeichne ich eben als Archetypus oder Urbild. Man könnte das Urbild passend als *Anschauung des Instinktes von sich selbst* oder als *Selbstabbildung des Instinktes* bezeichnen."[24]

Daß in metaphysischen Ideen sich in Wahrheit bloß Instinkte ausdrücken wie verstecken, sagt auch Nietzsche - aber wie anders! Die Instinkte, die er meint, sind keine starren, ahistorischen Verhaltensschemata, sondern kultivierte, raffinierte Regungen der vernunftbegabten Tierheit: nach innen gewendete, reflexiv gewordene Instinkte, die sich nur ausleben können, indem sie sich selbst hemmen und peinigen - in Göttern und Idealen, in denen sie sich entwerfen, um sich ihnen zu unterwerfen.[25] Während nach Nietzsche die archetypischen Ideen sublimierten Instinkten entspringen, die sich über sich selbst betrügen, kommen sie bei Jung aus unsublimierten - und sind zugleich auch noch pure, ursprüngliche Wahrheit. Das Unsublimierte, von Nietzsche illusionslos als Bestialität durchschaut, verklärt sich für Jung zum Unverdorbenen, ewig Reinen: Die ungehobelte Tierheit auf dem Grund der menschlichen Seele *ist* das göttliche Reich der unentstellten archetypischen Symbolik.

Und wie soll das logisch funktionieren? Wenn der Instinkt, wie Jung sagt, ein rein formales, inhaltsleeres Schema ist, dann ist er weder anschaulich noch zur "Anschauung von sich selbst" fähig. Und seine "Abbildung" ergäbe nur dies unanschauliche Abstraktum noch einmal, aber nicht den Quell reichster Symbolik. Die muß man unter der Hand schon hineingetan haben, wenn sie daraus hervorsprudeln soll. Wie in den unstofflichen Ideen Platons implizit bereits

24 Instinkt und Unbewußtes, a. a. O., S. 159

25 Vgl. Friedrich Nietzsche, Zur Genealogie der Moral. Zweite Abhandlung.

die stoffliche Fülle der Erscheinungswelt steckt, so steckt in den Archetypen Jungs der Bildgehalt der Mythologie, nur viel unverhohlener. Das kollektive Unbewußte besteht "aus der vererbten Struktur des Gehirns". "Und diese Struktur erzählt ihre Geschichte, welche die Geschichte der Menschheit ist, nämlich den unendlichen Mythus von Tod und Wiedergeburt"[26].

Das *ist* selbstverständlich ein Inhalt, aber ein formalisierter. Wie die platonischen Ideen in Wahrheit nicht Urbilder, sondern vom Denken erzeugte Abstraktionen der Sinnendinge sind - "Schatten der empirischen Dinge, minus ihrer Individualität und Existenz"[27] - so auch hier: Der Intellekt zieht von den zahlreichen Mythen über sterbende und wieder auflebende Götter ein Allgemeines ab, einen Mythos von Tod und Wiedergeburt überhaupt, erhebt ihn zu einem Sein an sich und behauptet, er sei schon immer und unwandelbar in die menschlichen Hirnwindungen eingegraben. Und die Unbestimmtheit, an der ein solch blasses Abstraktionsprodukt aus konkreten Mythen minus Individualität und Existenz unweigerlich krankt, wird mit der Aura höherer Gesundheit umgeben. Archetypen sind "vieldeutig, ahnungsreich und im letzten Grunde unausschöpfbar", "unbeschreiblich vage trotz ihrer unverkennbaren Bestimmtheit. (sic!) Unser intellektuelles Urteil sucht natürlich immer ihre Eindeutigkeit festzustellen und gerät damit am Wesentlichen vorbei": "das ist ihre Vieldeutigkeit, ihre fast unabsehbare Beziehungsfülle."[28]

26 Über das Unbewußte, a. a. O., S. 22

27 Karl Heinz Haag, Der Fortschritt in der Philosophie, Frankfurt 1983, S. 24

28 Carl Gustav Jung, Über die Archetypen des kollektiven Unbewußten, Eranus Jahrbuch, Zürich 1934, S. 222 f.

Es wird nun klar, inwiefern Jung vorsichtiger als Freud ist und unvorsichtiger zugleich. Gegen die problematische These von der Vererbung erworbener psychischer Inhalte gibt er sich als aufgeklärter Kantianer, für den nur Formen, nicht Inhalte der Seele als erblich gelten können, um dann, unter dem Mantel kritischer Wissenschaft, die Inhalte in die Formen hineinzumogeln und schließlich, den Mantel fallenlassend, kühn den ewigen Sitz der formalisierten Inhalte im kollektiven Unbewußten und dessen Unabhängigkeit vom Bewußtsein zu behaupten. Die Vererbung seelischer Inhalte, in Freuds Lehre nur ein Nebengleis, das die Hauptaussagen über den psychischen Apparat nicht berührt, wird bei Jung, verkleidet als Vererbung seelischer Formen, zum Angelpunkt der gesamten Theorie.

Von den Archetypen geht Faszination aus. Prägende Bilder aus Traum und Märchen kennt jeder. Einen verläßlichen Schlüssel zu haben, der den Symbolgehalt aller mythischen und historischen Stoffe aufschließt, ist schon reizvoll genug. Die Aussicht, daß dieser Schlüssel in der kollektiven Tiefe der eigenen Seele zu finden sei als ein Stück unverdorbener, unverwüstlicher Natur, das sicheren Halt gibt, wenn man sich ihm nur anvertraut, ist noch ungleich verlockender. Die Archetypen verheißen beides: wahre Erklärung der seelischen Welt und wahre Seelenmedizin in einem. Die Erklärung besteht zunächst in Aufzählung. Kind, Held, Gott, Mann, Weib gelten ebenso wie zahlreiche Tiere, Pflanzen, gewisse anorganische Elemente oder Lebensstationen (Initiation, Tod und Wiedergeburt) als Archetypen. Ihre Zahl ist nicht minder unbestimmt als sie selbst. Nur eines weiß man genau: Sie artikulieren sich bildhaft - eben in Symbolen.

Das wirft ein Problem auf. Ein Bild stellt nie sich selbst dar, sondern stets ein von ihm unterschiedenes Sinnliches, ein Schriftzeichen nie sich selbst, sondern stets ein von ihm unterschiedenes Geistiges. Wovon aber sind die archetypischen Symbole Darstellung? Nach Jung natürlich von den Archetypen. Doch das hieße, daß die Symbole ihnen nur die Individualität und Existenz hinzufügen, die der Jungsche Intellekt zuvor weglassen mußte, um sie als Archetypen inthronisieren zu können. Die Symbole sind die Konkretion ihrer eigenen Abstraktion. In der Darstellung ihrer leeren Verdopplung stellen sie bloß sich selbst dar und nichts, was von ihnen noch wirklich verschieden wäre. Jung nennt sie zwar Ausdruck "innerer, vom Unbewußten angeregter Vorgänge"[29], sagt aber nicht, welcher, wie er bisweilen auch die Archetypen selbst als "Niederschlag alles menschlichen Erlebens [...] bis zurück zu seinen dunkelsten Anfängen"[30] bezeichnet und verschweigt, was denn da erlebt wurde. Offenbar nicht die Außenwelt: "Das äußere Weltbild läßt uns alles verstehen als Wirkung der treibenden physikalischen und physiologischen Kräfte". "Das vom Unbewußten uns vermittelte Weltbild ist von mythologischer Natur. An Stelle der Naturgesetze stehen die Absichten von Göttern und Dämonen". "Die beiden Weltbilder ertragen einander nicht."[31] Demnach wäre das innere Erleben des kollektiven Unbewußten autark - durch nichts Äußeres hervorgerufen, sondern selbst der Stoff wie der Niederschlag seines Erlebens. Es erlebt seit Menschengedenken nichts als sich selbst. Statt aber an seiner eigenen Öde still zugrundezugehen,

29 Über das Unbewußte, a. a. O., S. 30
30 Die Struktur der Seele, a. a. O., S. 180
31 Über das Unbewußte, a. a. O., S. 30

schöpft es aus ihr die Fülle an plastischen Bildern außerseelischer Dinge - nicht etwa aus der Außenwelt.

Bei einer solchen theoretischen Konstruktion kann das Entscheidende gar nicht thematisch werden: weder die außerseelische Realität, die in Symbolgestalt verarbeitet wird, noch die seelische Verarbeitungsleistung selbst, ihre sinnliche und geistige Seite, ihre unbewußte und bewußte Dimension und das Verhältnis symbolischer Synthesis zu begrifflicher. So kenntnisreich und weitschweifig sich Jung über Symbolik auch ausläßt, so verdienstvoll und interessant seine respektheischenden Materialsammlungen auch sind, so erklärt er doch nichts von dem, was sich an Denkbewegung, Triebbearbeitung, Herrschaftsverhältnissen in mythologischer Symbolik niederschlägt, schneidet sie vielmehr ab von allem, woraus sie sich speist: dem materiellen und geistigen Stand gesellschaftlicher Entwicklung wie den konkreten historischen Erfahrungen, die sich in ihr reflektieren. Die lebendige Fülle der Mythologie wird zur Reflexion von nichts, zur Verdopplung der archetypischen Öde, die ewig nur sich selbst erlebt und erklärt.

Entsprechend auffällig ist in Jungs Schriften das Mißverhältnis zwischen üppig wuchernder Darstellung historischen Materials und Armut seiner Erklärung. Die Archetypenlehre tut das, was Adorno an der Kulturindustrie bemerkte: Sie schlägt alles mit Ähnlichkeit. Wie in ihrem Lichte sich schon Kant und Platon als so ungefähr dasselbe zeigten, so läßt sie beispielsweise auch die eleusinischen und dionysischen Mysterien, den Mithraskult und das Christentum auf im Grunde dasselbe hinauslaufen: den ewigen Mythos von Tod und Wiedergeburt. Und ganz besonders erbötig ist sie zur reibungslosen Erklärung komplexer historischer Phänomene.

So ist die nationalsozialistische Bewegung natürlich nichts anderes als das Wiedererwachen Wotans, des Gottesarchetypus in der Tiefe der germanischen Seele, dessen "Urverwandtschaft mit der Christus- und Dionysosfigur"[32] daraus erhellt, daß die Mänaden, jene wilden weiblichen Begleiterinnen des griechischen Gottes, "wohl eine weibliche SA"[33] bildeten. Die Beweisführung ist atemberaubend. Zunächst wanderte die Jugendbewegung. "Später, gegen Ende der Weimarer Republik, übernahmen das Wandern die Abertausende von Arbeitslosen, die man überall auf zielloser Wanderschaft traf. 1933 wanderte man nicht mehr, sondern man marschierte zu Hunderttausenden [...] Wotan, der Wanderer, war erwacht."[34]

Quod erat demonstrandum. Die Dreistigkeit, den Nationalsozialismus kurzerhand auf einen Archetypus zurückzuführen, wird nur durch den Zynismus überboten, für die Wanderschaft von Arbeitslosen deren Seelengrund verantwortlich zu machen. Und da das Hervorbrechen eines Archetypus aus der Seelentiefe für Jung den Charakter einer tierisch-göttlichen Heimsuchung hat und damit die ganze Ambivalenz eines reinigenden Gewitters, läßt sich zudem aus seiner Theorie schon systematisch erschließen, was eine historische Untersuchung jüngst mit zum Teil neuem Material erhärtete: daß Jung sich zum Nationalsozialismus keineswegs eindeutig ablehnend verhalten hat.[35]

An vielen Beispielen ließe sich zeigen, wie Jungs exzessive Ausbreitung historischen Stoffs Einebnung historischer Differenzen bedeutet. Das gepriesene "Ganzheitliche" seiner

32 Wotan, a. a. O., S. 204
33 Wotan, a. a. O., S. 209
34 Wotan, a. a. O., S. 204
35 Regine Lockot, Erinnern und Durcharbeiten, Frankfurt 1985, S. 87 ff.

Denkweise besteht darin, über Stock und Stein heterogenste Dinge einer gerundeten Weltanschauung einzuverleiben - und zwar im Namen eines ganz besonderen Archetyps, der das Zentrum, ja den Inbegriff aller anderen ausmacht, weil nur er "die 'Heilung' und Ganzmachung des bisher fragmentarischen Menschen bewirkt"[36]: der "Archetypus der Ganzheit" oder "Archetypus des Selbst"[37]. Er zelebriert "die heilige Hochzeit"[38] aller Gegensätze, eine universale Versöhnung - aber eine auf Teufel komm raus. Ob Unterschiedenes, Konträres, einander Widersprechendes, ob Bewußt und Unbewußt, Männlich und Weiblich, Hell und Dunkel, Gut und Böse - tut nichts, sie werden versöhnt. Daß Versöhnung die freie Entfaltung des Unterschiedenen, aber die Beseitigung des Widerspruchs bedeutet, ist eine Nuance, auf die es nicht ankommt, wo pauschal alles, was nicht identisch ist, unter Gegensatz firmiert und "die irrationale Vereinigung der Gegensätze"[39], ein metaphysisches Reim dich oder ich freß dich, die Ganzheit des Menschen besorgt. Ganzheitlich ist das deutsche Wort für totalitär.

Die Beschwörung der Ganzheit ist Ausdruck des unbewältigten Dualismus. In jeder Menschenseele stehen sich zwei unabhängige Systeme gegenüber. Hier das Bewußtsein, ein artifizielles System, das den Kontakt zu seinen natürlichen Wurzeln, den Instinkten, verloren hat, haltlos und blutleer umhertreibt, zwar zu allerlei technischen und logischen Konstruktionen fähig ist, aber nicht zu substantieller Sinngebung. Dort das kollektive Unbewußte, jene natürliche, ewige Urkraft der Intuition, des Schöpferischen, des intensiven Erlebens, die, solange das Bewußtsein sie ignoriert, die

36 Antwort auf Hiob, GW. Bd. 11, S. 493
37 Antwort auf Hiob, a. a. O., S. 503
38 Antwort auf Hiob, a. a. O., S. 481
39 Antwort auf Hiob, a. a. O., S. 502

Seele mit Neurosen, Psychosen und sonstigen Störungen schüttelt, die aber, sobald sich das Bewußtsein ihrer "Führung" anvertraut und die Archetypen als "handelnde Persönlichkeiten"[40] anerkennt, sich in Heilkraft zur Gesundung der Seele verwandelt.

Eine wirkliche Vermittlung beider findet nicht statt. Seelenkräfte, die sie leisten könnten, weil sie sowohl bewußt als auch unbewußt agieren, kommen bei Jung nicht vor. Phantasie und Einbildungskraft werden allein dem kollektiven Unbewußten zugeschlagen, und das Nachahmungsvermögen spielt keine Rolle. Die heilige Hochzeit von Bewußtsein und Unbewußtem entpuppt sich als platter Unterwerfungsakt. Devot wie launischen Göttern soll das Bewußtsein den Archetypen begegnen, um ihrem Zorn zu entgehen und ihre Kräfte zur Ganzwerdung der Seele zu nutzen. Doch die Beschwörung der Archetypen ist ebenso ohnmächtig wie diese selbst: Tierische Urkraft sollen sie sein - und sind das blasse Produkt abstrahierenden Denkens; unendlich schöpferisch - und sind das Immergleiche; Niederschlag reichsten Erlebens - und sind das niederschlagend öde Erleben ihrer selbst.

Jungs Lehre krankt an der Zivilisation, deren Dekadenz sie heilen will. Und sie leidet nicht an ihrer Krankheit. Sie richtet sich gemütlich ein in der Welt, aus der sie hinauszuführen meint. Ihr Programm der Ganzheitlichkeit, das den Menschen zu seinem Ursprung zurückbringen soll, steht an der Spitze des Fortschritts: in tiefem Einklang mit der totalitären Tendenz der warenproduzierenden Gesellschaft, Dinge und Menschen als Objekte von Kauf und Verkauf bis zur Indifferenz einander anzugleichen und zur "irrationalen

40 Über die Archetypen des kollektiven Unbewußten, a. a. O., S. 222

Vereinigung der Gegensätze" zu zwingen. Die Archetypen sind denn auch keine archaischen Urbilder, sondern moderne Wunschbilder. Sie versprechen sichere Seelenführung, wenn man sie nur gewähren läßt, geben religiösen Sinn, ohne auf eine bestimmte Religion zu verpflichten, bieten eine in sich gerundete Weltanschauung, ohne sich metaphysisch festzulegen. Rein herausdestilliert stellen sie dar, was der moderne Mensch braucht, um es in der pluralistischen, auf keinen vernünftigen Endzweck ausgerichteten Gesellschaft auszuhalten: einen Sinn überhaupt - welchen Inhalts auch immer. Ein solches Überhaupt leistet, was keine starre Konfession vermag: Es erhält ebenso stabil wie flexibel, ebenso selbständig wie autoritär fixierbar. Ein Sinn überhaupt, zum Archetypus erhöht, ist in der Tat, wie Jung sagt, "vieldeutig, ahnungsreich und im letzten Grunde unausschöpfbar"[41], weil nämlich universal fungibel und mit beliebigem Inhalt füllbar, wie auch im bunten Reigen von Warenproduktion und -verschleiß die Warenform selbst das unausschöpfbar Gleiche bleibt: ein abstraktes Prinzip, das allerdings nicht, wie die Archetypen, Wunschbild, sondern bittere Realität ist.

Jung *ist* Denker der Zukunft - aber der Zukunft als Fortschreibung der Gegenwart. Seine Lehre ist authentischer Ausdruck jenes Bedürfnisses nach Sinn überhaupt, das für moderne Menschen mit höherer Schulbildung charakteristisch ist - und bleiben wird, solange sie die Produktionsverhältnisse nicht ändern wollen. Dies Bedürfnis zur religiösen Urgegebenheit verklären und sich zum Instrument seiner Befriedigung machen, statt an ihm das halbherzige Unbehagen in der Kultur zu studieren, das sich schon mit Placebos

41 Über die Archetypen des kollektiven Unbewußten, a. a. O., S. 222

beruhigen läßt und des geistvollen Opiums großer Theologie gar nicht mehr bedarf, jene lauwarme Erlösungssehnsucht, die eine andere Welt als die, über die sie klagt, gar nicht mehr ernstlich will - das heißt der Psychoanalyse die Möglichkeit abschneiden, die seelische Verfassung der Gegenwart als Resultat der warenproduzierenden Gesellschaft zu begreifen, die der Ware Arbeitskraft nicht nur den Sinn ihres Daseins vorenthält, sondern auch den Wunsch nach einem Zustand, wo es anders wäre, verblassen läßt.

Es gelingt Jung, den Anspruch auf Wissenschaftlichkeit wie den Durst nach Sinn zu befriedigen - bei Menschen, die von beidem bloß noch Surrogate wollen. Franz Alt hat recht: "Jung trifft offenbar einen Nerv unserer Zeit."[42] Und Alts Entgeistigung der Bergpredigt Jesu zu einem Programm "neuer Politik"[43] bei gleichzeitiger CDU-Mitgliedschaft illustriert, wie das halbherzige Unbehagen an einer hochgerüsteten Welt, das blauäugige "So kann es nicht weitergehen" schließlich Bestsellererfolge zeitigt. Eines läßt sich an Alt zumindestens lernen: Eine Fortschrittskritik, die sich auf Jung beruft, verrät, daß sie im wesentlichen nichts ändern will.

42 Franz Alt (Hg.), Das C. G. Jung-Lesebuch, a. a. O., S. 8
43 Franz Alt, Frieden ist möglich, a. a. O., S. 77 ff

FREUDS UNVERDAUTE RELIGIONSTHEORIE

An Freuds Religionstheorie kommt mehr zum Vorschein, als Freudianern und Theologen recht sein kann. Daher halten sich diese gewöhnlich lieber an Jung, jene an den Atheismus. Bedeutet Freud für die Theologen immerhin noch eine "Herausforderung", also etwas, wogegen die Abwehrkräfte erst noch zu mobilisieren sind, so hält die Gegenseite zumindest ihre Theorie für immun gegen Theologie. Unter solchen Umständen kann wohl ein "interdisziplinäres Gespräch", ein äußerlicher Gedankenaustausch oder Schlagabtausch stattfinden, aber keine innere wechselseitige Durchdringung, die die Substanz beider Seiten berührt. Zu letzterer wollen die folgende Überlegungen beitragen.

I. Zum systematischen Zusammenhang der Freudschen Religionstheorie

A. Elemente

1. Grundlage aller Überlegungen zu Kultur und Religion ist das Hauptresultat der psychoanalytischen Praxis: der Ödipuskomplex. In der griechischen Sage von König Ödipus, der seinen Vater tötete und seine Mutter heiratete, sieht Freud die beiden Urwünsche des Kindes zusammengefaßt: Beseitigung des gleichgeschlechtlichen Elternteils und sexueller Verkehr mit dem andersgeschlechtlichen. Der daraus resultierende Konflikt mit den Eltern gilt Freud als *das* seelische Schlüsselereignis schlechthin und damit als der eigentliche Gegenstand psychoanalytischer Arbeit. Wie sehr

Freud auch in der Darstellung und Bewertung dieses Konfliktes durch seine eigenen Lebensumstände geprägt sein mag - er beschreibt vornehmlich die Vorgänge in einer bestimmten historischen Form der bürgerlichen Familie - an der grundsätzlichen Bedeutung seiner Entdeckung läßt sich nicht rütteln. Nicht erst die Pubertät beschert die Sexualität, sondern sie gehört von Anfang an zur menschlichen Konstitution. Die erste erotische Zuwendung des Kindes gilt den primären Bezugspersonen, meist den Eltern, und diese müssen ihm, bei aller Liebe, die Erfüllung seiner erotischen Ansprüche versagen. Kein Mensch kann aufwachsen, ohne in diesen Konflikt zu geraten, ohne zu erotischem Verzicht gezwungen zu werden. Seine Bewältigung ist *eine* der entscheidenden seelischen Aufgaben jedes Individuums, gleichgültig, welcher Epoche und Kultur es angehört.

2. Die Beobachtung religiöser Zeremonien führt Freud zu dem Schluß, daß deren ganze Vielfalt ein gemeinsamer letzter Zweck zugrunde liegt: das Bekenntnis und die Tilgung einer allgemeinen Schuld, an der sich alle Gläubigen teilhaftig fühlen, ohne genau und übereinstimmend angeben zu können, wie sie zustande gekommen sei. Die Gleichförmigkeit und Gewissenhaftigkeit der Ausführung des Rituals sowie seine Beschwichtigungsfunktion gegen eine Schuld, deren Ursprung verborgen bleibt, weisen größte Ähnlichkeit mit der neurotischen Zwangshandlung auf und veranlassen Freud, "die Neurose als eine individuelle Religiosität, die Religion als eine universelle Zwangsneurose zu bezeichnen."[1]

1 Sigmund Freud, Zwangshandlungen und Religionsübungen, Freud-Studienausgabe, Frankfurt 1969 ff., Bd. VII, S. 21. Verweise auf diese Ausgabe im folgenden nur mit Titel- und Bandangabe.

3. Die Analyse ethnologischen Materials gibt Freud Aufschluß über primitivste, noch ganz in die Natur gebannte Völker, und er entdeckt, daß sie sich als ganze ähnlich infantil verhalten wie die Individuen, die Gegenstand der psychoanalytischen Praxis sind.[2] Als frühste noch auffindbare gesellschaftliche Organisationsform gilt ihm der Totemismus, der von zwei rätselhaften Tabus beherrscht wird. Den Clangenossen ist jeglicher sexueller Verkehr untereinander verboten, und ebensowenig dürfen sie den Totem, ein bestimmtes Tier, das sie als Ahnherrn und Schutzpatron der Sippe verehren, antasten.[3] Nur in gewissen Abständen fällt der ganze Clan in einem kollektiven Exzeß über den Totem her, tötet und verzehrt ihn und ahmt ihn dabei mit eigentümlichen Lauten und Gebärden nach.[4] Danach gilt das Tabu wieder uneingeschränkt.

4. Darwin hat seine Beobachtungen an den Lebensgewohnheiten höherer Affenarten auf den sozialen Urzustand des Menschen übertragen, und Freud macht sich diese Theorie zu eigen. Demnach wurden die in Horden lebenden Wesen von einem mächtigen Urvater, dem stärksten Männchen, beherrscht, das allein auf alle weiblichen Mitglieder der Horde sexuellen Anspruch hatte und die jungen Männchen zur Exogamie zwang.[5]

B. Synthese

Aus seinen psychoanalytischen Grundeinsichten, den Beobachtungen religiöser Rituale, den ethnologischen Resultaten und der Darwinschen Urhordentheorie konstruiert Freud die Entstehung der Religion als die Entstehung von

2 Totem und Tabu, Bd. IX, S.318

3 A. a. O., S. 389 ff.

4 A. a. O., S. 423 f.

5 A. a. O., S. 410 f.

Kultur überhaupt und damit eines ersten Zustandes, der als menschlich bezeichnet werden kann[6]: Die Söhne der Urhorde verehrten und liebten den Urvater, weil sie sein wollten wie er, sie haßten ihn aber auch, weil sie nicht sein durften wie er. Eines Tages gewann der Haß die Überhand, sie taten sich zusammen, töteten und verzehrten den Vater. Nach der Befriedigung des Hasses trat jedoch die Liebe um so stärker hervor. Der Verzicht auf die Weiber der Horde, zuvor vom Vater erzwungen, wurde in nachträglichem Gehorsam nun freiwillig geleistet, der Vater selbst in Gestalt des Totem zum Stammvater und Beschützer erhoben.[7]

Der Totem ist die Urform aller menschlichen Gottesvorstellungen. Gott ist Schöpfer wie Beschützer der Menschen, die sich ohne ihn dem Naturschicksal gnadenlos ausgeliefert sehen, sich andererseits ihm aber nur anvertrauen können, wenn sie ihm zugleich ihre Schuld bekennen: den Mord an dem Vergotteten. In der Gefühlsambivalenz gegen den leiblichen Vater haben alle Menschen sowohl an der Mordtat der Urzeit als auch am kollektiven Schuldbewußtsein teil, das in Opfer und Ritual, am deutlichsten in der Hingabe Christi, seinen Ausdruck findet und ständig neu beschwichtigt werden muß.

C. Die Angelpunkte der Argumentation

Ein historischer Beleg dafür, daß die menschliche Gesellschaft tatsächlich aus der besagten Urhorde hervorgegangen ist, kann von Freud nicht verlangt werden, denn es kann keinen geben. Wo Gesellschaft ist, da ist die Horde zugleich in ihr verschwunden, und weder Zoologen noch Archäologen

6 A. a. O., S. 426 ff.

7 Dafür, daß Kinder den Vater mit einem Tier identifizieren, weiß Freud (a. a. O., S. 412 ff.) reiches empirisches Material beizubringen.

werden je etwas über sie ausmachen. Knochenfunde werden nie die von Freud behaupteten seelischen Vorgänge belegen können, kulturelle Erzeugnisse aber kann die Urhorde nicht hinterlassen haben. Hingegen trägt Freud die Beweislast dafür, daß der Totemismus nicht nur eine frühe, sondern *die frühste* menschliche Organisationsform darstellt. Der Beweis unterbleibt, wie auch jegliche historische Präzisierung des Übergangs von Horde zu Gesellschaft durch Vatermord. Dieser Übergang könnte sich nur auf zwei Wegen vollzogen haben. Entweder fand er in allen Horden in gleicher Weise statt, oder seine seelischen Auswirkungen haben sich von dort aus, wo er stattfand, auf ausnahmslos alle Horden übertragen und die Psyche ausnahmslos aller Individuen geformt. Auf keinen der beiden Wege hat sich Freud getraut, vielmehr entschuldigt er die "zeitliche Verkürzung und inhaltliche Zusammendrängung" seiner Darstellung "als eine durch die Natur des Gegenstandes geforderte Enthaltung [...]. Es wäre ebenso unsinnig, in dieser Materie Exaktheit anzustreben, wie es unbillig wäre, Sicherheiten zu fordern."[8] Der Vatermord ist jedoch nur dann als *historisches* Schlüsselereignis glaubwürdig, wenn exakt und sicher dargelegt werden kann, wie er, eine partikulare Begebenheit, die seelische Konstitution einer ganzen Gattung hat prägen können.

Die "zeitliche Verkürzung und inhaltliche Zusammendrängung" entrückt Freuds Darstellung des Kulturbeginns der Sphäre exakter Geschichtswissenschaft und erweist sie als spekulatives Konstrukt aus der literarischen Gattung der Sündenfallmythen. Als solches bringt sie zwar Wichtiges zum Ausdruck: Nur kraft des spezifischen Bewußtseins, das die Menschen von allen anderen Lebewesen unterscheidet,

8 A. a. O., S. 426

können sie sich vom bloßen Naturprozeß abheben und ihre Lebensbedingungen selbst produzieren: nicht nur ihre materiellen Gebrauchsgegenstände, sondern auch ihre gesellschaftliche Organisation. Letztere regeln sie zunächst durch elementare Verbote, Tabus, mit denen als einer ersten Unterscheidung von Gut und Böse sie vom nur triebgeleiteten Agieren Abstand nehmen. Doch Freuds Argumentation leidet an derselben crux wie ihre Vorgänger der griechischen oder jüdischen Mythologie: Jeder Versuch, diesen elementaren Bewußtseinszustand herzuleiten, sei es aus einem paradiesischen oder einem animalischen Zustand, muß das Herzuleitende unweigerlich schon voraussetzen. Bewußtsein kann aus Nicht-Bewußtsein nicht wiederum durch Bewußtsein rekonstruiert werden. In diesem Punkt hat Freud dem biblischen Sündenfallmythos nichts voraus. Dort wird den Menschen das Wissen von Gut und Böse nur zuteil, indem sie das Verbot, vom Baum der Erkenntnis zu essen, übertreten. Um aber dies Verbot überhaupt wahrnehmen zu können, mußten sie bereits zwischen Gut und Böse unterscheiden - ehe ihnen darüber die Augen aufgingen (Gen 3, 1-7). Das gleiche Problem kehrt bei Freud wieder. Die ambivalente Einstellung zum Vater, die die Kultur konstituiert, kennzeichnet auch den Naturzustand. Schon dort herrschte Haß gegen den Vater, weil man nicht so sein durfte, Liebe, weil man so sein wollte wie er. Das "Seinwollen wie ein anderer" ist nichts anderes als der Akt der Identifikation, und dieser, so lehrt uns Freud[9], ist identisch mit dem der Verinnerlichung. Sich etwas Fremdem angleichen kann man nur in dem Maße, wie dies Fremde in die eigene Person integriert wird. Das integrierte Fremde ist aber nicht die einzelne Sache oder Person selbst, sondern ein Allgemeines an ihr,

9 Vorlesungen zur Einführung in die Psychoanalyse, Bd. I, S. 501

ein *Ideal*. Die Söhne wollen nicht unmittelbar der Vater sein, sondern *wie* der Vater, nämlich stark und mächtig. Verinnerlicht wird nicht er selbst, sondern die Macht und Stärke, die an ihm erscheint, und die *ist* bereits Ideal, wenn die Söhne ihren Träger auffressen. Die physische Verinnerlichung ist nur das Mittel, um das längst verinnerlichte Ideal in empirische Realität zu verwandeln. Die Erhöhung des getöteten Vaters zu Totem und Gott ist nur möglich, wenn schon vom lebenden ein Allgemeines abgezogen wurde: das Ich-Ideal. So affektbesetzt dieser Vorgang auch sein mag - das Abstrahieren eines Allgemeinen, Ideellen aus der Welt der sinnlichen Einzeldinge ist die genuine Tätigkeit des Intellekts. Der seelische Akt der Identifikation - im Unterschied zur bloß reflexartigen, triebgesteuerten Nachahmung - ist stets schon durchs Bewußtsein vermittelt. So unterstellt Freud insgeheim schon der Urhorde, was er sodann aus dem Vatermord entspringen läßt: die Gefühlsambivalenz als seelisches Grundgesetz und das am Vater gebildete Ich-Ideal. Neu am Kulturzustand ist lediglich, daß die Liebe zum Vater die Oberhand über den Haß gewinnt, ohne ihn je ganz bändigen zu können. Sie selbst jedoch bleibt, was sie auch schon vorher war: die eine Seite der ambivalenten Konstitution, also eine bloße psychische Funktion. Sofern Freud die Entstehung des Bewußtseins erklären will, setzt er das zu Erklärende im Ich-Ideal der Urhorde bereits voraus; sofern er das Ideal oder Tabu zu einer psychischen Funktion herabsetzt, verwischt er die spezifische Differenz der Menschen zu allen anderen Lebewesen. Damit begeht er denselben Fehler wie in der Darstellung des seelischen Apparats. Auch dort ist das Ich, der Sitz des Bewußtseins, lediglich als psychische Funktion definiert, die das Es aus sich hervorgebracht hat. Zum Es gehört "alles, was ererbt, bei Geburt mitgebracht, konstitutionell festgelegt ist, vor allem also die [...] Triebe [...]. Unter dem Einfluß der uns umgebenden realen Außenwelt hat ein Teil des Es eine besondere Entwicklung erfahren. Ursprünglich als Rindenschicht mit den Organen zur Reizaufnahme und den Einrichtungen des Reizschutzes ausgestattet, hat sich eine besondere Organisation hergestellt, die von nun an zwischen Es und Außenwelt vermittelt. Diesem Bezirk unseres Seelenlebens lassen wir den Namen des Ichs."[10] Ist aber das Ich nichts anderes als ein Mechanismus, der im psychischen Apparat seine vorgeschriebene Funktion erfüllt, so ist alle geistige Tätigkeit nichts anderes als psychischer Mechanismus, auch die der Psychoanalyse. Diese wäre bloß die Verdoppelung ihres neurotischen Gegenstands und weder in der Lage, die psychischen Funktionen intellektuell zu durchdringen, noch dafür zu sorgen, daß das Bewußtsein der unverarbeiteten seelischen Vorgänge Herr werde. Wo immer sie das Bewußtsein zu einer psychischen Funktion degradiert, sei es systematisch im seelischen Apparat oder historisch am Beginn der Menschheit, tritt die Psychoanalyse in Widerspruch zu ihrer eigenen objektiven Voraussetzung: der Möglichkeit einer autonomen Tätigkeit des menschlichen Intellekts. Die Erklärung der Religion aus der Gefühlsambivalenz gegen den Vater gelingt ihr daher nur um den Preis der Selbstverleugnung. Sie zahlt ihn, indem sie den neurotischen Konflikt, von dessen Zwang sie die Menschen befreien will, zum ehernen Gesetz aller Kultur erhebt und die Menschheitsgeschichte zum fortgesetzten Kampf zwischen Lebenstrieb und Destruktionstrieb erklärt, der das ewige, ziellose Hin und

10 Sigmund Freud, Abriß der Psychoanalyse, Frankfurt 1973, S. 9 f.

Her des Naturzustandes lediglich wiederholt.[11] Damit verläßt sie ihr eigenes Fundament, das sie zudem mit aller Religion gemeinsam hat, denn auch jede Religion spricht auf ihre Weise dem bloßen Dahinvegetieren ab, schon der höchste Zweck zu sein und setzt insofern die Möglichkeit der Freiheit vom unmittelbaren Naturzwang voraus. Diese Möglichkeit wird bereits dort erkennbar, wo sich, wie keimhaft auch immer, ein menschlicher Zustand vom bewußtlosen Naturgeschehen unterscheiden läßt. Der Akt der Verinnerlichung eines Ideals, durch den der Intellekt ein Allgemeines aus der Welt der Einzelheiten abstrahiert und so eine erste Unterscheidung zwischen Gut und Böse trifft, stellt zugleich eine eigenständige menschliche Organisation her, die die ungehemmte, blinde Triebbefriedigung als Rückfall ins Animalische unerbittlich ahndet: das Tabu. Diese Abstraktionsleistung läßt sich aus dem bewußtlosen Naturprozeß, über den sie sich erhebt, niemals herleiten. Sie ist ein Moment unableitbarer Freiheit, so kläglich auch die ersten Menschen, ihrer Freiheit nicht bewußt, weiterhin im Bann der Naturnotwendigkeiten standen. Dennoch leuchtet bereits im Tabu der Funke jenes Geistigen, wodurch allein die Menschen von der Herrschaft des blinden Naturzwangs erlöst werden können, oder, biblisch ausgedrückt, worin ihre Gottesebenbildlichkeit besteht (Gen 1,27).

Die Herabsetzung des Geistigen zur psychischen Funktion in Freuds Religionstheorie geht einher mit einer anderen theoretischen Engführung. Freud beschränkt den Kulturbeginn auf die Auseinandersetzung der Menschen mit ihrer inneren Natur, dem blinden Trieb, und läßt die mit der äuße-

11 Die Kulturentwicklung "muß uns den Kampf zwischen Eros und Tod [...] zeigen, wie er sich an der Menschenart vollzieht." (Das Unbehagen in der Kultur, Bd. IX, S. 249)

ren Natur, ohne die doch die Menschen ihre Lebensbedingungen nicht selbst produzieren könnten, ganz dahinter verschwinden. In der Ausklammerung des materiellen Produktionsprozesses gibt Freud Erfahrungen, die erst die bürgerliche Gesellschaft möglich gemacht hat, für menschliche Grunderfahrungen aus. Erst der Kapitalismus trennt Produktionsmittel und Produzenten voneinander und damit auch Familie und Arbeitsplatz. Die Familie verliert ihre traditionelle Funktion der Produktionsgemeinschaft und schrumpft - auch zahlenmäßig - zur Reproduktionsgemeinschaft. Deren Lebensbedingungen werden durch die in der großen Industrie entfesselten Produktivkräfte geformt.[12] Unmittelbare, ungebändigte Natur begegnet nur noch als Kuriosität oder Oase, von materieller Produktion noch unbezwungen oder ausdrücklich verschont. Die natürlichen Bedingungen, unter denen sich die Familie vorfindet, sind nach der industriellen Revolution stets schon produzierte, durch den Gesellschaftsprozeß vermittelte. Dessen abstrakte Bewegungsgesetze üben nun die wirkliche Gewalt über die Individuen aus; physische Personen fungieren nur noch als deren Vollstrecker. So tritt auch dem Kind der bürgerlichen Gesellschaft äußere Naturgewalt gar nicht mehr unmittelbar, sondern nur in ökonomischer Vermittlung entgegen. In einer bestimmten Phase der bürgerlichen Epoche konzentriert sich die Vollstreckung dieser Gewalt in der Person des Vaters und gibt ihm für die seelische Entwicklung des Kindes eine Schlüsselstellung, die ihm vor dem Verlust der Erfahrung unmittelbarer Naturgewalt noch nicht zukommen konnte. Er, der durch seine physische Übermacht das Kind ohnehin zur Bearbeitung seines Trieblebens zwingt, ist zu-

12 Max Horkheimer, Autorität und Familie, in: ders., Traditionelle und kritische Theorie, Frankfurt 1970, S. 208 f.

gleich derjenige, der es die abstrakte gesellschaftliche Gewalt als eine höchst reale verspüren läßt, solange er ökonomisch ganz über die von der Produktion abgespaltene Familie verfügt, weil er allein das Geld nach Hause bringt.[13] Da diese Gewaltausübung jenseits der Produktionssphäre stattfindet, erscheint sie auch als unabhängig von dieser und läßt vergessen, daß die Verbindung von physischer und ökonomischer Macht, die dem Vater vorübergehend tatsächlich die alles entscheidende Bedeutung für das kindliche Seelenleben gab, sich nicht dessen persönlicher Stärke, sondern seiner Stellung im Produktionsprozeß verdankt. Mit ihrer Verbannung aus der Familie scheint die Produktion für deren seelischen Zusammenhang keine Rolle mehr zu spielen; doch der gesamtgesellschaftlich organisierte Produktionsprozeß, der unmittelbaren familiären Erfahrung entrückt, bestimmt die Geschicke der Familie mehr denn je und erweist die Vorrangstellung des Vaters als ökonomisch bedingt und zeitlich begrenzt, als ein - inzwischen zudem weitgehend überholtes - Resultat der Kultur, nicht aber als deren Substanz.

An der Vertauschung von Substanz und Resultat leiden auch Freuds Ausführungen zu einer zentralen kulturellen Einrichtung: dem Opferritual. Daß Angehörige aller alten Religionen ihren Göttern irgendeinen Tribut entrichten, um sie zu versöhnen, wird auf ein Schuldgefühl zurückgeführt. Das Schuldgefühl gegen Instanzen, denen doch alle Ehrerbietung entgegengebracht wird, kann aber, so folgert der Psychoanalytiker, nur einer geheimen Aggression gegen

13 "Infolge dieser raumzeitlichen Trennung von beruflicher und familialer Existenz kann nun jeder bürgerliche Vater, auch wenn er im sozialen Leben eine armselige Stellung hat und den Rücken krümmen muß, zu Haus als Herr auftreten" (Max Horkheimer, a. a. O., S. 214)

diese Instanzen entspringen. Diese Aggression, so der Schluß, ist genau jene verdrängte, die ursprünglich dem Urvater galt und durch dessen Erhebung zu Totem und Gott nicht erloschen ist, sondern weiter schwelt und Beschwichtigung verlangt. So ist nach Freud der Vatermord das Uropfer, die Totemmahlzeit, jener kollektive Exzeß, bei dem der ganze Clan den Totem tötet und verzehrt, des Uropfers nahezu unverblümte Wiederholung, und alle weiteren Gestalten des Opferrituals sind nur Varianten ein und desselben Sachverhalts: Das dargebrachte Opfer, sei es Mensch oder Tier, ist gleichermaßen dem Gott wie dem Tod geweiht, gleichermaßen Objekt der Verehrung wie des Hasses und bringt so stets von neuem die Ambivalenz gegen den Urvater zum Ausdruck, zu deren Bewältigung es veranstaltet wird.

Die konstitutive Bedeutung des Opfers für alle Religion und die Entdeckung, daß sein Ritual in der neurotischen Zwangshandlung hartnäckig fortlebt, hat Freud dazu verleitet, das universale Phänomen Opfer auf die partikulare Begebenheit Vatermord zurückzuführen. Dabei bleibt unberücksichtigt, daß die Menschen nur Menschen werden konnten, indem sie sich als Subjekte von der *ganzen* Natur zu unterscheiden anfingen, nicht nur von ihrem eigenen Triebleben. Das ambivalente Verhältnis zum Vater ist nicht Ursprung, sondern nur Ausdruck jenes Zwiespalts mit der Natur als Totalität, in dem sich das aufkeimende Bewußtsein vorfindet. Die unmittelbare Natur, von der es sich unterscheidet, ist einerseits sein striktes Gegenteil, die pure Bewußtlosigkeit, in die es um keinen Preis zurückfallen darf. Andererseits wird dies Andere als das Nichtbewußte *gewußt*, mehr noch, das Bewußtsein stellt an ihm Unterschiede fest und setzt an ihm Zwecke. Also muß es eine dem Intellekt analoge, d.h. intelligible Struktur haben; andernfalls fände überhaupt keine Beziehung zwischen Subjekt und Objekt statt, somit auch kein materieller Produktionsprozeß. Die Natur ist dem Bewußtsein also gleichermaßen fremd wie verwandt, Potential der Bedrohung wie Material der Selbstentfaltung. Dieser objektive Zwiespalt, den die Menschen an der Natur vorfinden, sobald sie sich von ihr unterscheiden, tritt als magisches Naturverhältnis in Erscheinung. Die intelligible Struktur der Natur wird in Gestalt von übersinnlichen Kräften und Geistern zu begreifen versucht, denen der Zusammenhalt der Einzeldinge zugeschrieben wird, und so undurchschaut diese höhere Sphäre auch bleibt, so waltet doch ein dem menschlichen zwar überlegener, aber verwandter Geist in ihr, zu dem sich eine Beziehung herstellen läßt. Die Geister und Götter lassen mit sich reden. Sie repräsentieren nun den Doppelcharakter der Natur, sie sind es, die die Menschen bedrohen oder beglücken. Also müssen die Menschen alles unternehmen, um mit ihnen ins Reine zu kommen und ihnen den Charakter des Fremden, Bedrohlichen zu nehmen. Die Bedrohung, die von den Göttern ausgeht, kann nur durch die Entrichtung eines Tributs abgewendet werden, der versöhnlich stimmt. Dieser Tribut, das Opfer, ist aber nur die Vorwegnahme des Bedrohlichen; die Menschen vollziehen selbst stellvertretend an einem einzelnen Naturding, was die Götter am menschlichen Kollektiv nicht vollziehen sollen. So bringt der Versuch der Beseitigung der Bedrohung nur erneut hervor, was er abwenden will, und das Verhältnis der Menschen zur göttlichen Macht verharrt im Zwiespalt. Die Unterwerfung unter sie geschieht um ihrer Beschränkung willen; sie ist die List des Schwächeren, den Stärkeren heimlich doch den eigenen

Zwecken dienstbar zu machen[14], doch sie bestätigt nur den Doppelcharakter der Natur, den sie aufzulösen intendiert. Das magische Naturverhältnis, das im Opfer zum Ausdruck kommt, kann - entsprechend der Mannigfaltigkeit der Natur - die verschiedensten Gestalten annehmen - von der Schlachtung eines Tiers oder gar eines Menschen bis zur Darbringung der Erstlingsfrüchte des Feldes. Auch der kannibalische Ritus, den besiegten Feind oder wenigstens seine Innereien zu verschlingen, um sich seine Kräfte anzueignen, ist ein verkapptes Opfer. Nicht schon der Tod bricht die Macht des Feindes; sie wird erst unschädlich und geht an den Sieger über, wenn er sich mit ihr identifiziert und sie somit anerkennt. Das geschieht, indem er sich ihren Träger einverleibt. So wird der Besiegte der in ihm verkörperten Macht geopfert, die nur dann in den Dienst des Siegers tritt, wenn er sich ihr unterwirft. Ein Opfer darbringen kann also in einem Fall heißen, es zu verzehren, im andern, auf den Verzehr zu verzichten, und auch Mischformen, in denen das Opfer teils verspeist, teils verbrannt wird, sind möglich. Ferner kann das Opfer ein gewöhnliches Naturwesen ohne besondere Würde sein, es kann aber auch für geheiligt gelten durch die göttliche Macht, der es dargebracht wird. All diese Erscheinungsformen sind Varianten desselben Grundmotivs: der stellvertretenden Vernichtung eines Einzelnen zur Rettung der anderen. Ihr Ursprung liegt im zwiespältigen Verhältnis der Subjekte zur Natur als ganzer, nicht in einem vermeintlichen Uropfer. Auch die Totemmahlzeit ist nur eine unter vielen Opferformen, auch sie läßt sich nur begreifen als stellvertretender Vollzug des Bedrohlichen zur Abwendung der Bedrohung, als Unterwerfung

14 Max Horkheimer/Theodor W. Adorno, Dialektik der Aufklärung, Frankfurt 1969, S.55 ff.

unter die Macht zum Zwecke ihrer Bändigung. Ob es allerdings wirklich die Macht eines einst ermordeten Sippenvaters ist, die da gebannt werden soll, oder irgendeine andere aus der Vielzahl der Naturerscheinungen, geht aus dem Totemopfer selbst nicht hervor, und Freuds Erklärungsversuch ist, wie sich zeigte, ein Mythos, kein Beweis.

Wie es sich historisch mit der Totemmahlzeit auch immer verhalten mag - auf jeden Fall hat sie ihren Ursprung nicht in einer subjektiven Gefühlsambivalenz, sondern in der objektiven Scheidung von Subjekt und Objekt. Durch sie ist aller subjektive Widerstreit der Affekte vermittelt. Gut und Böse sind nicht einfach die etwas kultiviertere Fortsetzung von Liebe und Haß, sondern eine Unterscheidung, die das Bewußtsein an den Affekten vornimmt. Das muß, gegen die eigene Intention, auch Freuds Vatermordtheorie einräumen: Nur die Liebe zum Vater ist gut, nicht etwa die zu den von ihm beanspruchten Frauen. Die Scheidung von Subjekt und Objekt sorgt nicht nur für widerstreitende Affekte, sondern macht die Affekte in sich selbst ambivalent: Gut oder böse sind sie je nach dem Objekt, dem sie gelten, nicht schon an sich. Die entscheidende Ambivalenz der Religion und Kultur ist nicht, wie Freud behauptet, das Gegeneinander zweier Affekte, sondern der objektive Zwiespalt, in dem sich das menschliche Bewußtsein gegenüber der Natur vorfindet.

Doch die Religion ist nicht ihrem Wesen nach zu dieser Ambivalenz verdammt, die an ihrer historischen Urform, der Magie, erscheint. Das Moment von Freiheit, das die Menschen über bloße Natur erhebt und ihnen gestattet, ein Allgemeines, Ideales daraus zu abstrahieren, enthält auch die Möglichkeit, dem magischen Zwang zu entrinnen. Die Götter, denen das magische Verhalten gilt, sind zwar nur das ohnehin schon vorhandene Doppelgesicht der Natur noch einmal, jedoch in Gestalt eines Ideals. In ihnen wird der Zwiespalt als das verehrt, was er nicht ist: ideal, göttlich. Der Gedanke des Ideals steht zu sich selbst in Widerspruch, solange er die Verklärung des Naturzwangs besorgt. Er weist über den magischen Zusammenhang, in den er verwickelt ist, hinaus auf einen Zustand, der ideal genannt zu werden objektiv verdiente, weil er allen Zwiespalt hinter sich gelassen hätte: die gelungene Vermittlung von Subjekt und Objekt, die Versöhnung. Schon in der ersten Unterscheidung von Gut und Böse ist dies höchste Gut objektiv vorausgesetzt. Doch solange der Begriff des Ideals mit seinem Gegenteil, der Herrschaft elender Verhältnisse verknüpft ist und in deren Dienst steht, wird das Bewußtsein dieser seiner eigenen Voraussetzung nicht inne. Es kann aus dem magischen Bann nur treten, wenn es den Begriff des Ideals aus seiner falschen Verknüpfung löst und seinen Wahrheitsgehalt als Einspruch gegen die Idealisierung der herrschenden Mächte begreift. Die Geschichte des christlichen Gottesbegriffs, immer wieder bewegt von der Frage, ob die Macht der Inbegriff des Absoluten oder nur eines seiner Attribute sei, dokumentiert über weite Strecken die Anstrengung des Bewußtseins, den Gedanken des Ideals von aller Widersprüchlichkeit zu reinigen und so der magischen Verwicklung zu entkommen.

Der Sieg der protestantischen Auffassung, daß das Wesen Gottes die Macht sei, hat vergessen lassen, daß auch einmal absolute Wahrheit und Vernunft, ein einsehbares höchstes Gut, als die wesentliche Bestimmung Gottes gegolten hat, die mit der Vergottung der Macht um ihrer selbst willen unvereinbar ist. So ist im Gottesgedanken beides aufbewahrt: der Inbegriff des Magischen wie seine Durchbrechung. Diese Doppelheit hat Freud nicht wahrgenommen. Seinem Versuch, die Gottesidee ersatzlos zu streichen, ist nur in einer Hinsicht Erfolg beschieden: Er eliminiert den Gedanken des objektiven höchsten Guts, ohne den der Verknüpfung von Macht und Ideal nicht beizukommen ist; die Verknüpfung selbst hingegen, das magische Verhältnis zur Realität, bleibt erhalten.

Daß Magie nicht unbedingt theologischen Vokabulars bedarf, hat Freuds Neurosenlehre schlagend bewiesen. Doch daß Magie nicht nur in psychischer Erkrankung fortdauert, sondern überall, wo die bestehende Wirklichkeit zu ihrem eigenen Ideal erhoben und so, wie sie ist, als vernünftig erachtet wird, ist Freud entgangen. Seine Hoffnung, mit der Beseitigung des Gottesbegriffs auch alle Religion loszuwerden, ist Illusion ohne Zukunft.

II. Totemmahlzeit und Abendmahl

Gibt die archaische Totemmahlzeit auch keinesfalls die Erklärung für den Ursprung aller Religion her, so ist damit doch noch nicht ausgemacht, was sie als Schlüssel zum Verständnis bestimmter religiöser Phänomene leistet. Immerhin ist sie ein historisches Faktum und ihr Opfercharakter unabweisbar. Freuds Herleitung des Christentums aus dem Totemismus ist also durch den bisherigen Beweisgang noch längst nicht entkräftet; im Gegenteil: Die von ihm beobachtete Ähnlichkeit religiöser Zeremonien mit neurotischen ist ebenso unbestreitbar wie die von Totemmahlzeit und christlichem Abendmahl und gibt seiner These zumindest in den äußeren Erscheinungen ein Fundament. "Im christlichen Mythus ist die Erbsünde des Menschen unzweifelhaft eine Versündigung gegen Gottvater. Wenn nun Christus die Menschen von dem Drucke der Erbsünde erlöst, indem er sein eigenes Leben opfert, so zwingt er uns zu dem Schlusse, daß diese Sünde eine Mordtat war [...]. So bekennt sich denn in der christlichen Lehre die Menschheit am unverhülltesten zu der schuldvollen Tat der Urzeit, weil sie nun im Opfertod des einen Sohnes die ausgiebigste Sühne für sie gefunden hat [...]. Mit der gleichen Tat, welche dem Vater die größtmögliche Sühne bietet, erreicht auch der Sohn das Ziel seiner Wünsche gegen den Vater. Er wird selbst zum Gott neben, eigentlich an Stelle des Vaters. Die Sohnesreligion löst die Vaterreligion ab. Zum Zeichen dieser Ersetzung wird die alte Totemmahlzeit als Kommunion wieder belebt, in welcher nun die Brüderschar vom Fleisch und Blut des Sohnes, nicht mehr des Vaters, genießt, sich durch diesen Genuß heiligt und mit ihm identifiziert."[15]

Alle theologischen Auseinandersetzungen ums Abendmahl hatten stets eine Grenze: Der gottesdienstliche Ritus, Brot und Wein als Leib und Blut Christi zu verzehren, stand selbst nie in Frage; strittig war nur sein richtiges Verständnis und sein angemessener Vollzug. Freud überschreitet diese Grenze, erklärt den Ritus selbst zur neurotischen Zwangshandlung und disqualifiziert damit alle Abendmahlstheologie zur notdürftigen Rationalisierung. Um diese steile These zu überprüfen, bleibt kein anderer Weg als der Versuch, den weitgehend ins Dunkel gehüllten historischen Ursprung des Abendmahls etwas zu erhellen.

Daß Jesus selbst das Abendmahl eingesetzt habe, steht in Widerspruch zu allem, was man historisch über ihn weiß. Wer vom Feuer der eschatologischen Naherwartung umgetrieben wird und daraus die Kraft seines Auftretens gewinnt, wer in seinen Handlungen und Worten demonstrativ die Ankunft des göttlichen Reiches selbst intendiert, der

15 Totem und Tabu, Bd. IX, S. 437

stiftet keine kultische Feier, um die Verehrung der eigenen Person über den Tod hinaus vorsorglich zu regeln. Die Jesus in den Mund gelegten Einsetzungsworte entstammen der christlichen Gemeinde.[16] Das heißt nicht, daß sie mit der historischen Person nichts zu tun hätten. Vielmehr ist gewiß, daß festliche Mahlzeiten im Auftreten Jesu eine besondere Rolle spielten. Es heißt, er speise mit Sündern und Zöllnern (Mk 2,16), sei ein Schlemmer und Zecher (Lk 7,34), lasse sich dabei auch noch Exzesse gefallen[17], halte nicht viel von peinlicher Befolgung der Speisevorschriften[18] und gar nichts vom Fasten[19]. Alle diese Vorwürfe, die die Evangelien ihrer eigenen theologischen Konzeption zum Trotz getreulich aufbewahrt haben, verweisen auf ein historisches Fundament: Jesu ausgiebige Feier von Mahlzeiten im Stile des jüdischen Gastmahls - und dessen gleichzeitige Entweihung. Die rabbinische Literatur hat die Durchführung festlicher Mähler genau geregelt. Der Veranstalter hatte darauf zu achten, daß die Geladenen zueinander paßten und alle, die es mit ritueller Reinheit nicht so streng hielten, ausgeschlossen waren.[20] Nach der Begrüßung der Gäste und der Abhaltung eines Vortischs[21] begann das eigentliche Mahl. Die Gäste legten sich, genau nach Rang und Würde geordnet, zu Tisch, das Wasser zur Reinigung der Hände wurde gereicht, und der Gastgeber eröffnete das Essen mit dem Brechen und

16 Vgl. Willi Marxsen, Das Abendmahl als christologisches Problem, Gütersloh 1963, S. 17

17 Wie das Übergossenwerden mit Öl (Mk 14,6)

18 "Nicht was in den Mund hineinkommt, verunreinigt den Menschen, sondern was aus dem Mund herauskommt" (Mt 15,11)

19 Mk 2,18; vgl. auch das Ährenessen der Jünger am Sabbat (Mk 2,23 ff.)

20 Vgl. H. Strack/P. Billerbeck, Kommentar zum Neuem Testament aus Talmud und Midrasch, Bd. IV/2, 1924, S. 611

21 Strack/Billerbeck, a.a.O., S. 615 ff.

Verteilen des Brotes, über dem er zuvor den Lobpreis Jahwes gesprochen hatte[22]. Am Ende der durch viele Speisevorschriften bestimmten Mahlzeiten sprach der Gastgeber oder der vornehmste Gast das Dankgebet mit dem sogenannten "Becher des Segens" in der erhobenen Hand[23], und es hat dann sowohl die Sitte gegeben, jeden seinen eigenen Becher leeren zu lassen, als auch allen einen gemeinschaftlichen Becher zum Trinken zu reichen[24].

Die rabbinischen Anweisungen zur korrekten Durchführung des Mahls berufen sich auf das alttestamentliche Gesetz. Die dort aufgezeichneten Speisevorschriften bilden ein Sammelsurium heterogener Bräuche, deren Ursprünge sich historisch nicht mehr restlos aufhellen lassen. Dennoch gibt es ein Festmahl von überragender Bedeutung: das Passa, das Israel den Auszug aus Ägypten ermöglicht haben soll. Die Schlachtung und Verspeisung des Passalamms, mit dessen Blut die Juden die Türpfosten bestrichen und so den Würgeengel bewogen, nicht in ihren, sondern nur in den ägyptischen Häusern zu wüten (Ex 12), ist zweifellos ein magischer Opferritus, und es scheint, als seien alle andern alttestamentlichen Speisevorschriften auf dieses eine Festmahl ausgerichtet oder an ihm orientiert. Nicht nur in den relativ späten Gesetzessammlungen des 2.-5. Mosebuches, sondern auch in kleinen Episoden aus älteren Traditionsschichten steht die feierliche Mahlzeit fast immer mit der Darbringung eines Opfers im Zusammenhang[25]. Zwingt dieser Sachverhalt zu dem Schluß, daß das jüdische Festmahl ganz und gar aus dem Opferritus hervorgegangen und seinem Wesen nach totemistisch sei? Dagegen sperren sich einige

22 A. a. O., S. 621
23 A. a. O., S. 627 f.
24 Strack/Billerbeck, a.a.O., Bd, IV/1, 1928, S. 58 und 76
25 Vgl. Gen 31,54; Ex 18,12; 24,3 ff.

wenige, aber gewichtige alte Passagen. So schließt Isaak mit Abimelech und seinen Leuten einen Bund, "daß du uns nichts zuleide tuest, wie auch wir dich nicht angerührt und dir nur Gutes getan und dich in Frieden haben ziehen lassen [...] Da bereitete er ihnen ein Mahl, und sie aßen und tranken." (Gen 26, 29f.) Die gemeinsame Mahlzeit besiegelt feierlich den Bundesschluß; sie ist als Zeichen der Versöhnung verständlich, ohne daß erst ein Opferritus hinzutreten muß, der sie feierlich macht[26], denn sie ist in sich selbst bereits ein Archetypus des Gelingens: Die gemeinsame Mahlzeit muß unter archaischen Produktionsverhältnissen der Natur erst mühsam abgerungen werden, aber sie ist zugleich deren Genuß als Resultat kollektiver solidarischer Anstrengung. Wird dieser Naturgenuß feierlich zelebriert, so gewinnt er eine Symbolkraft, die sich unmittelbar aus archaischer Naturerfahrung speist. Diese Kraft hat erstmals das alte Israel zu theologischer Wirkung gebracht. Das Land, mit dessen Verheißung sein Gott sich offenbart, ist eines, "wo Milch und Honig fließt" (Ex 3,17). Der Gedanke der Versöhnung, die nicht wieder magischem Zwang untersteht, ist ins Bild ungetrübten Nahrungsgenusses gekleidet. Der Fluch, der seit dem Sündenfall auf dem Erdboden lastet und die Menschen zwingt, ihr Brot im Schweiße ihres Angesichts zu essen (Gen 3,17 ff.), ist darin aufgehoben; kein Opfer, keine Entbehrung hat hier Platz.[27] Doch wie im Alten Testament allenthalben magisches Bewußtsein diesen Gedanken über-

26 Vgl. auch Jos 9,14 ff.

27 Die Kraft des Symbols ist von den Produktionsverhältnissen abhängig. Unter den Bedingungen völlig vergesellschafteter Produktion, die den Produktionsprozeß anonym macht und ihn blind einen Überfluß an Lebensmitteln ausspeien läßt, nimmt das alte Bild des Gelingens die Gestalt einer Schreckensvision an: das große Fressen.

deckt hat, wie sogar das Passa zum Wahrzeichen des Auszugs ins gelobte Land geworden ist, so vermischen sich auch in der feierlichen jüdischen Mahlzeit, die als Zeichen des Bunds zwischen Jahwe und Israel veranstaltet wurde, zwei einander widerstreitende Bedeutungen: Bundesschluß als besänftigende Opferdarbringung "zum lieblichen Geruch für Jahwe" (Lev 4,31) einerseits, als Symbol der verheißenen Versöhnung andererseits. Beide sind nicht gleich mächtig. Der Gedanke des gelobten Landes ist zerbrechlich und von seinem ersten Auftreten an bedroht vom Tanz ums goldene Kalb, der magischen Orgie, die sich mit der Unversöhntheit der vorfindlichen Welt versöhnt. Der Kampf der Propheten gegen das Vergessen des Exodus und der an ihn geknüpften Verheißung richtet sich gegen diesen magischen Sog und ist dennoch immer wieder in ihn geraten. Auch an der feierlichen Mahlzeit erweist das Magische seine Macht: Solange sie von rituellen Speisevorschriften beherrscht wird, geht der Archetypus des Gelingens unter in einer Zeremonie, die nur der Ausdruck jener Entbehrung und Unversöhntheit ist, die sie verscheuchen will.

Die Entweihung, die Jesus dieser Mahlzeit angetan hat, ist die erneute Durchbrechung des Magischen. Die Naherwartung des Gottesreiches entfesselt auch die utopische Kraft des Bildes vom eschatologischen Versöhnungsmahl neu, und seine symbolische Durchführung ist zugleich die Veranschaulichung seines neuen, radikalisierten Verständnisses. Soweit sich rekonstruieren läßt, hat Jesus in aller Schärfe erkannt, daß weder der Sieg der Juden über alle Feinde noch die universale Apotheose des jüdischen Gesetzes den Titel des Gottesreiches verdient, weil beide nichts anderes als die Verewigung von Herrschaft und Knechtschaft wären und nicht das verheißene Gelingen der Geschichte sein können.

Das wahre Reich der Freiheit muß den Unheilszusammenhang dieser Welt als ganzen sprengen.[28] Die Mahlgemeinschaft, die in glühender Naherwartung diese Sprengung gleichermaßen darstellt wie herbeibeschwört, muß das jüdische Gesetz brechen, seine Speisegebote ignorieren und die Feinde des jüdischen Volkes mit einbeziehen. Durchbrechung der Magie und des Gesetzes fallen hier ineins. So gehört die von Jesus zelebrierte Mahlzeit zu den entscheidenden Gründen für seine Kreuzigung.[29]

Was Jesus ans Kreuz brachte, führte die christliche Gemeinde zusammen. Wenn es historisch zuverlässig ist, daß die ersten Christen sich täglich im Jerusalemer Tempel trafen (Acta 2,46), so konnten sie dort, wo die Mörder ihres Herrn sich versammelten, jedenfalls nicht als eigene Gruppe auftreten. Also wird der zweite Teil des Verses von der eigentlichen Gründung einer christlichen Gemeinde handeln: "Abwechselnd von Haus zu Haus brachen sie das Brot und

28 Allein diese Einsicht macht die Radikalität der Bergpredigt und Gleichnisse aus; in ihr liegt die spezifische Differenz Jesu zu seinen Zeitgenossen begründet, seien es Pharisäer, Zeloten, Essener oder Anhänger Johannes des Täufers: "Sie alle vertreten den Sieg der Gottesgerechtigkeit [...] zur Erhöhung der hier Unrecht leidenden Gerechten und zur Beschämung der Gesetzlosen und Gottlosen." (Jürgen Moltmann, Der gekreuzigte Gott, München 1972, S. 122)

29 Der Versuch, aus den ältesten Schichten von Lk 22, 14-20 den ursprünglichen, von Jesu selbst gemeinten Sinn des Abendmahls zu gewinnen, fischt historisch im Trüben und ist sachlich unergiebig. Selbst wenn hier wirklich die Stimme des historischen Jesus ertönte, was sich durch nichts beweisen läßt, so könnte sie seiner letzten Mahlzeit eine besondere Bedeutung nur als dem Siegel auf seine sonstigen Mahlzeiten verleihen. Deren Sinn aber läßt sich historisch viel zuverlässiger aus den Denunziationen der Gegner Jesu ermitteln als aus diesem verdorbenen Text, der zum Nachweis einer authentischen Stiftungsfeier genauso untauglich ist wie die Einsetzungsberichte der anderen Evangelien.

nahmen die Speise zu sich mit Jubel und Lauterkeit des Herzens." (Acta 2,46b) Was lag in Ermangelung eines eigenen Versammlungsorts näher, als sich bei der umschichtigen Feier des Mahls Jesu als seine Gemeinde zu konstituieren?[30] Was sich die Teilnehmer anfangs dabei im einzelnen dachten, läßt sich nicht mehr feststellen. Sicher ist nur, daß der gekreuzigte Jesus als auferstanden galt, und das verändert bereits das Verständnis entscheidend. War zu Jesu Lebzeiten die Mahlzeit der Versuch, in der symbolischen Zelebrierung des Gottesreiches das Symbolisierte selbst herbeizurufen, so war nun nach Auffassung der Gemeinde das Symbolisierte bereits eingetroffen; das Auferstehungsbekenntnis begreift den Tod Jesu als den universalen Riß in der Geschichte, mit dem die allgemeine Totenauferstehung beginnt. In Mt 27,51 ff. hat sich dies ursprüngliche Verständnis am deutlichsten erhalten: "Und siehe, der Vorhang im Tempel zerriß von oben bis unten in zwei Stücke, und die Erde erbebte, und die Felsen zerrissen, und die Grüfte öffneten sich und viele Leiber der entschlafenen Heiligen wurden auferweckt". In dieser kruden Phantasie, die schon im Matthäusevangelium den Charakter eines Fremdkörpers hat, drückt sich dennoch der das Christentum begründende geschichtsphilosophische Gedanke aus, der folglich auch die urchristlichen Zusammenkünfte beherrscht haben muß: Das Signal zum Umbruch der Verhältnisse ist gegeben; der Unheilszusammenhang ist eingerissen, aber das Reich der Erlösung ist noch nicht endgültig hervorgetreten. Das Mahl, das ehemals, als Jesus es veranstaltete, das Zerreißen des Unheilszusammenhangs beschwor, beschwört nun die Wiederkehr des Zerreißers zur eschatologischen Tischgemeinschaft der versöhnten

30 Vgl. Willi Marxsen, a. a. O., S. 21

Menschheit.[31] Die Mahlgemeinschaft begreift sich als die Vermittlung von Historischem und Eschatologischem, als der Übergang vom Symbol zum Symbolisierten. Die älteste überlieferte Abendmahlsliturgie, noch frei von legendären Zusätzen, hat diesen Sinn bewahrt: "Der Kelch der Danksagung, über welchem wir danksagen, ist er nicht die Gemeinschaft des Blutes Christi? Das Brot, das wir brechen, ist es nicht die Gemeinschaft des Leibes Christi?" (1 Kor 10,16) Brot und Kelch werden hier noch nicht *als* Leib und Blut Christi genossen, sondern bringen die Mahlgemeinschaft mit der leibhaftigen Person zum Ausdruck, und zwar in doppelter Hinsicht: Die Gemeinschaft mit Blut und Leib Christi ist einerseits die leibhaftige historische, die erinnernd vergegenwärtigt wird, andrerseits die leibhaftige eschatologische, die unmittelbar bevorstehen soll. Das Präsens "ist" bezieht sich auf beide, kann aber nicht für beide gleichzeitig gelten. So bezeichnet es den Übergang, worin beide vermittelt sind. Die christliche Kirche konstituiert sich als der wahre welthistorische Exodus: der sprunghafte, umbruchartige Übergang aus dem Reich der Notwendigkeit ins Reich der Freiheit.

Lange läßt sich dieser Schwebezustand, der das Ersehnte für so gut wie eingetroffen nimmt, das Wechselbad zwischen eschatologischem Jubel und Seufzen nicht aushalten, und der Ritus, der eine einmalige universalgeschichtliche Bewegung zum Ausdruck bringen will, ist auf Langfristigkeit und Wiederholung nicht angelegt. So mußte er, als das

31 Der eschatologische Seufzer "Maranatha (= unser Herr, komm')" (1 Kor 16,22), der unbestritten aus der allerfrühesten Gemeinde stammt, wird seinen Ort kaum anderswo gehabt haben können als dort, wo die Gemeinde als ganze ihren Ursprung hat: im Abendmahl. Dort weist ihm denn auch die älteste erhaltene Gottesdienstordnung seinen Platz an (Didache 10,6).

Ersehnte sich hinauszögerte, eine andere Bedeutung annehmen. Die gewinnt er durch die Uminterpretation des Gemeindemahls in eine Stiftung Jesu, die er "in der Nacht, da er verraten ward" (1Kor 11,23), selbst eingesetzt habe: "Solches tut zu meinem Gedächtnis."[32] Damit ist die ständige Wiederholung legitimiert und die inhaltliche Sinnverschiebung eingeleitet. Das Brechen des Brotes und Darreichen des Kelches ist nicht mehr der Übergang von der einen zur anderen leibhaftigen Gemeinschaft mit Jesus, sondern die Wiederholung dessen, was er selbst für die Gemeinde getan hat: "daß der Herr Jesus [...] das Brot nahm, das Dankgebet darüber sprach, es brach und sagte: Dies ist mein Leib für euch [...] Desgleichen auch den Kelch nach der Mahlzeit mit den Worten: Dieser Kelch ist der neue Bund in meinem Blut" (1Kor 11,23 ff.) Jesus bricht das Brot als seinen Leib für die Gemeinde, gibt ihr den Kelch als Blut des neuen Bundes[33], d. h. er vollzieht symbolisch im voraus seinen Tod als Hingabe für die Gemeinde, und diese vollzieht ihn noch einmal nach und genießt den Leib, vergießt und genießt das Blut ihres Herrn und verleibt sich so seine Heilswirksamkeit ein. Der als auferstanden Proklamierte, dessen Parusie durch die Mahlgemeinschaft ursprünglich erst provoziert werden sollte, ist nun in Brot und Wein bereits präsent, ohne leibhaft erscheinen zu müssen; vielmehr

32 1 Kor 11,24. Nach Marxsen, a. a. O., S. 19 "könnte man [...] die Einsetzungsberichte ätiologische Kultlegende nennen."

33 Die Anlehnung an den Schluß des alten Bundes, wie Ex 24,8 ihn darstellt, ist deutlich: "Danach nahm Mose das Blut (sc. der geschlachteten Stiere), besprengte das Volk damit und sprach: Seht, das ist das Blut des Bundes, den Jahwe [...] mit euch geschlossen hat." Daß die Synoptiker die Einsetzung des Abendmahls während des Passamahls stattfinden lassen, ist nur die Konsequenz daraus: Die Wahrheit des alten Bundes ist der neue, das wahre Passa ist das Abendmahl. (vgl. Marxsen, S. 18)

sind Brot und Wein zur Weise seiner sakramentalen Erscheinung geworden. Macht deren Genuß als Leib und Blut Christi nun das Wesen des Abendmahls aus, so wird die Mahlgemeinschaft selber, das gemeinsame Essen, akzidentell. Waren nach jüdischem Brauch das Brechen des Brotes und Darreichen des Kelches noch die beiden Akte, die ein ganzes Mahl einrahmten[34], so hat schon Paulus die Sitte vorgefunden, erst am Schluß des Sättigungsmahls Brot und Kelch darzureichen[35], und es ist dann nur noch eine Frage der Zeit, bis das Herrenmahl von jeglicher Mahlzeit abgetrennt und als eigenständiger Ritus zelebriert wird, zu dem überdies nur die Getauften zugelassen sind (Did 9,5). Mit der Umdeutung des Abendmahls zur Stiftung Jesu verliert dessen skandalöser Verbrechertod am Kreuz[36] seine Anstößigkeit und wird seinerseits zum Sinnstifter: Als Hingabe des gehorsamen Sohnes ist er die eigentliche Heilstat Gottes, die sein mußte, um Gott und Menschen miteinander zu versöhnen. Zwar geschieht dieser Bedeutungswandel noch im Bewußtsein der Naherwartung, ändert aber das Verhältnis zu ihr. Der ersten christlichen Mahlgemeinschaft bedeutete das Heil nichts Geringeres als die Parusie selbst, also das noch Ausstehende. Das Geschick Jesu war nur dessen Einleitung, der Beginn des welthistorischen Umbruchs. Nun jedoch wird das entscheidende Ereignis in die Vergangenheit verlegt. In Christi Hingabe ist die Heilstat ein für allemal geschehen, und man hat bereits an ihr teil in ihrer sakra-

34 davon zeugt noch 1 Kor 11,23 ff.: Zu Beginn des Mahls bricht Jesus das Brot, aber erst "nach der Mahlzeit" (V. 25) reicht er den Kelch.

35 Vgl. Marxsen, S. 13

36 Die Kreuzigung war als die schmählichste Strafe überhaupt entlaufenen Sklaven und politischen Aufrührern vorbehalten; vgl. Jürgen Moltmann, Der gekreuzigte Gott, a. a. O., S. 129

mentalen Wiederholung, die beliebig oft möglich ist und auch durch die Parusieverzögerung nicht um ihren Sinn gebracht wird. Das Heil ist, wiewohl auf Bewährung, schon in der bestehenden Welt als positives Gut verliehen; die Parusie drückt nur noch das Siegel der Unwiderruflichkeit auf.

So hat der Opfergedanke vom Abendmahl Besitz ergriffen, ehe noch Paulus sich zum Christentum bekehrte. Die rituelle Wiederholung der Tötung des Gottessohnes sowie sein heilbringender Verzehr sind untrügliche Anzeichen; keine Ausflucht kann über ihren magischen Charakter hinwegtäuschen. Die urchristliche Bewegung hat den Versuch, die magische Fessel abzustreifen, in ihrem Enthusiasmus auf die Spitze getrieben und die eigene Erwartung einer unerträglichen Belastung ausgesetzt: Entweder findet die welthistorische Wende *jetzt* statt und kommt durch die Gemeinde zur Erscheinung, oder die Erwartung muß am gleichgültigen Fortgang der alten Geschichte zerbrechen. Die Deutung des Todes Jesu als Opfer erlöst von dieser Alternative. Sie entschädigt für das Ausbleiben der Parusie und bietet, wenn schon die wahre Versöhnung nicht eintritt, wenigstens die erneute Versöhnung mit den vorfindlichen Verhältnissen dar. In Wein und Brot ist, obwohl die reale Unversöhntheit andauert, das Heilsgut bereits ganz, wenn auch auf Widerruf, gegeben - zur sorgfältigen Bewahrung auf den jüngsten Tag und zugleich als Wegzehrung und Stärkungsmittel für den möglicherweise langen Marsch bis dorthin, auf den sich die Kirche mit der Etablierung eines sakramentalen, auf Wiederholung angelegten Ritus *faktisch* einrichtet, auch wenn sie zunächst noch auf die baldige Wiederkehr Christi hofft.

Freud hat also in der Tat den wunden Punkt getroffen. Wie scharfsinnig auch die spätere Abendmahlstheologie durch metaphysische Distinktionen das Verhältnis von Brot und Leib, Wein und Blut hat einsichtig machen wollen, der Grundgedanke, die reale Präsenz Christi in Brot und Wein, bleibt magisch. Der Glaube an die in Speise und Trank sich mitteilende Heilskraft ist beim Wilden, der das Herz des getöteten Feindes verschlingt und dessen Blut säuft, kein prinzipiell anderer als beim Christen, der Brot und Wein als Leib und Blut seines Herrn zu sich nimmt. Freilich ist über dieser Gemeinsamkeit die Differenz nicht zu vergessen. Das Abendmahl ist nicht, wie Freud meinte, die *unmittelbare* Wiederkehr eines archaischen Ritus. Der Opfergedanke erfährt im Christentum eine entscheidende Wandlung und wird ein Stück weit dem magischen Zusammenhang entrissen. Die Hingabe Jesu ist keine Kulthandlung, die die Menschen zur Beschwichtigung Gottes vollziehen, sondern Gott gibt seinen Sohn für die Menschen; das herkömmliche Verhältnis von Veranstalter und Empfänger des Opfers ist umgedreht, und auch das Moment der List, konstitutiv für das archaische Opfer, findet hier keinen Platz. Eine wirkliche Opferhandlung hat ja in der Hinrichtung Jesu historisch auch gar nicht stattgefunden, vielmehr wird diese nachträglich als das universalhistorische Sühnopfer, das ein für allemal die Hermetik des Unheilszusammenhangs durchbrochen hat, interpretiert. "Opfer" wird zum geschichtsphilosophischen Begriff für die einmalige historische Vermittlung von Gottheit und Menschheit. Als solcher liegt er der späteren dogmatischen Lehre von der Inkarnation und den zwei Naturen Christi zugrunde, die seinen Gehalt aufs Sorgsamste auseinanderfaltet und die er zu ihrer geistigen Subtiltität dabei nur inspirieren konnte, weil er selbst schon Vergeistigung des Archaischen ist.[37] Das einmalige, historisch verstandene Opfer gewährt seine Heilswirksamkeit nicht mehr durch unmittelbare magische Wiederholung, sondern durch Vergegenwärtigung in der Reflexion; nur das Bewußtsein, das die in Christus bereits geschehene Vermittlung erkennend nachvollzieht, hat an ihr teil. Entsprechend ist auch das Abendmahl kein unmittelbar archaisches Ritual, sondern ein symbolisches, und die Heilskraft von Brot und Wein teilt sich darin nicht automatisch mit, sondern nur dem, der die Bedeutung des Opfers glaubend erkennt. Auch das alte totemistische Vaterverhältnis ist durchbrochen. Das Opfer des Gottessohnes kann nur wirksam werden, wenn er keine ambivalenten Gefühle gegen den Vater hat; nur *als* dem Willen des Vaters konforme Tat ist die Hingabe des Sohnes heilsbringend. Sie kann nicht zugleich noch untergründig aggressiv sein und, wie Freud meint, die Vaterreligion durch eine "Sohnesreligion"[38] ablösen. Hingegen führt die Verbannung des Zwiespalts aus der Person Christi, durch die sein Opfer erst möglich wird, zur Versöhnung der Menschheit mit dem Zwiespalt, der ihr als ganzer weiterhin anhaftet.

So hat Freud in zweifacher Hinsicht unrecht: Weder ist das Sühnopfer der das Christentum konstituierende Gedanke, noch ist das Christentum seine unmittelbare archaische Wiederkehr. Wohl aber ist er für das Verständnis der Heilstat Christi der beherrschende geworden, und das Abendmahl als kultischer Ritus zeigt deutlich die doppelte Aufhe-

37 Vgl. Christoph Türcke, Vermittlung als Gott, Lüneburg 1986, S. 48 ff.

38 Totem und Tabu, a. a. O., S. 437. Was Freud mit diesem Begriff intendiert, ist unklar geblieben. Wie soll die Tat, die die Herrschaft des zum Gott erhöhten Vaters bestätigt und erneuert, eben diese Herrschaft durch eine andere ersetzen?

bung, die ihm dabei widerfahren ist: seine Erhebung zum geschichtsphilosophischen Begriff einerseits, die Konservierung seiner magischen Momente andrerseits.

Jedoch war eigentlich der ganz ursprüngliche christliche Enthusiasmus, der unmittelbar die Parusie beschwor, etwas anderes als Magie? Er war blind gegen die Härte der Realität und zerbrach folglich schnell an ihr, aber er war nicht schon deswegen magisch, *weil* er beschwörerisch war. Es gibt eine Beschwörung, die nicht der Beschwichtigung herrschender Mächte dient, sondern sich gegen die Gewalt des Magischen selbst richtet. Als illusionärer Sturmlauf geht sie unter, in der Gestalt substantieller Erkenntnis hält sie stand. Wo immer sich menschliches Bewußtsein davon befreit, bloßer Abdruck bestehender Gewaltverhältnisse zu sein, indem es sie kritisch begreift, verhält es sich in gewisser Weise beschwörend. Denn es kann seiner eigenen Freiheit nicht froh werden, solange die durchschauten Verhältnisse weiterhin die beherrschende Macht sind. Seine eigene Freiheit sinkt in nichts zusammen, wenn sie bei sich selbst stehenbleibt und nicht in der Befreiung der gesamten Kreatur von allem Elend ihren eigenen Endzweck erkennt. So beschwört die sich selbst durchsichtige Freiheit des Bewußtseins immer schon das Gelingen des Ganzen. Dies Gelingen kann auch für aufgeklärtestes Bewußtsein kein anderes sein als jener welthistorische Umbruch, an dessen Beginn sich der historische Jesus und in dessen Vollzug sich die urchristliche Mahlgemeinschaft wähnte.

Daß die Erwartung beider trog, ist kein Argument gegen das Erwartete. Erst in einem widerspruchsfreien Ganzen wäre die Vernunft ganz bei sich selbst und die Menschheit wirklich zu Hause. Die Umwälzung des Unheilszusammenhangs in eine von allem Widerstreit befreite Totalität ist das einzig vernünftige Telos der Menschheitsgeschichte. Der urchristliche Enthusiasmus vermochte diese Umwälzung freilich nur ohnmächtig zu symbolisieren. Daß sie mehr sein könnte als ein Symbol - dafür hat erst die Entfesselung der Produktivkräfte in der Neuzeit das materielle Fundament geschaffen, welches unabweisbar veranschaulichte, daß die Menschen ihre Geschichte selbst machen, wenn auch bisher nicht aus freien Stücken. Erst diese Einsicht gibt dem theologischen Umwälzungsgedanken seine volle politische Brisanz. Die aber ist zwiespältig, rückt das vernünftige Telos zum Greifen nahe und unendlich fern zugleich. Einerseits liegt es nun einzig an den Menschen selbst, ob die welthistorische Umwälzung stattfindet oder nicht. Andrerseits sind sie mit ihr allein. Es ist nicht abzusehen, wie mehr aus ihr werden soll, als Menschen aus ihr machen. Sie können ebensowenig auf einen überirdischen Bündnispartner setzen, wie sie ohne dessen Hilfe die Umwälzung zur Vollendung bringen werden. Selbst das Höchstmaß an Freiheit, das eine zur Besinnung gekommene, über ihre technischen Mittel solidarisch gebietende Menschheit realisieren könnte, wäre des Zwangs nicht ledig, den Bedürftigkeit und Sterblichkeit der Kreatur auferlegen. Daher bewahrt unverkürzte Vernunft die theologische Sehnsucht nach einer Neuschöpfung der Kreatur in sich auf - und damit einen Funken jener antimagischen Beschwörung, die im urchristlichen Enthusiasmus allzu überschwenglich flackerte. Denn sie weiß: Der vollkommene Übergang ins Reich der Freiheit läßt sich nicht erzwingen, weder durch logische Konstruktion noch durch politische Organisation. Sein Gelingen steht in Diskontinuität zu der Geschichte, deren einzig vernünftiges Ziel er ist. Es hat daher seinen guten Grund, wenn Benjamin offenließ, ob die Ankunft des Messias eine Metapher für die Revolution sei, oder ob es sich umgekehrt verhalte.[39]

39 Vgl. Walter Benjamin, Über den Begriff der Geschichte, Gesammelte Schriften, hg. v. Rolf Tiedemann und Hermann Schweppenhäuser, Bd. I,2, Frankfurt 1974, S. 701 ff.

Nachweise

Die Illusion der Gewaltlosigkeit, in: *Frankfurter Rundschau* vom 18.10.1986, Zeit und Bild, S. 2

***Darüber schweigen sie alle*.** Tabu und Antinomie in der neuen Debatte über das Dritte Reich, in: *Merkur* Nr. 463, September/Oktober 1987

Wie moralisch ist Umweltschutz? In: *Frankfurter Rundschau* vom 28.12.1985, Zeit und Bild, S. 4

Ehrfurcht vor dem Leben, in: *links*, Dezember 1985, S. 25 f.

***Sexus und Geist*.** Philosphische Dimension des Geschlechterkampfs, Antrittsvorlesung an der Gesamthochschule Kassel, unveröffentlicht

***Denker der Zukunft*.** C. G. Jungs Archetypenlehre, in: *Frankfurter Rundschau* vom 7.6.1986, Zeit und Bild, S. 3

Freuds unverdaute Religionstheorie, in: *Theologische Zeitschrift*, Basel, Jahrgang 37, Heft 5, 1981, S. 292 ff.

Die bereits veröffentlichten Texte sind für die Neupublikation überarbeitet worden.